Klick! 5

Mathematik

Herausgegeben von
Prof. Dr. Franz B. Wember

Erarbeitet von
Dr. Thomas Breucker
Doris Keuck
Petra Kühne
Ines Zemkalis

Unter Beratung von
Bärbel Becher
Dr. Stefanie Breuers
Meike Busch
Daniela Buss
Kerstin Gärtig
Birgit Leuermann
Daniela Linde
Cornelia Michalski
Dr. Axel Mittelberg

Inhaltsverzeichnis

Wiederholung
Addition bis 100 — 6
Subtraktion bis 100 — 8
Rechendreiecke und Zauberquadrate — 10
Sachrechnen — 11
Kopfrechnen: Multiplikation und Division — 12

Zahlenraum bis 1 000
Bündeln und entbündeln — 16
Das Tausenderfeld — 20
Das Tausenderbuch — 22
Der Zahlenstrahl — 24
Runden — 26
Rechnen mit dem Taschenrechner — 27

Lagebeziehungen
Parallel — 28
Senkrecht — 29
Senkrechte und parallele Geraden zeichnen — 30

Gewichte
Gewichte vergleichen und messen — 32
Kilogramm und Gramm — 34
Wie schwer ist die Klasse? — 35

Addition
Geschicktes Rechnen – Addition im Kopf — 36
Addition über den Hunderter — 38
Halbschriftliche Addition — 39
Addition auf verschiedenen Wegen — 40
Schriftliche Addition ohne Übertrag — 41
Mit dem Flugzeug auf die Insel — 42
Addition mit Null — 43
Schriftliche Addition mit Übertrag bei den Einern — 44
Schriftliche Addition mit Übertrag bei den Zehnern — 46
Schriftliche Addition mit Übertrag — 47
Das kannst du schon — 48
Übung und Wiederholung — 50
Aufgaben für Profis — 51

Winkel
Winkel — 52
Projekt „Seilfiguren" — 53
Rechte Winkel bestimmen — 54

Symmetrie
Achsensymmetrie — 56
Spiegelachsen — 58
Achsensymmetrische Figuren zeichnen — 59

Subtraktion 1

Geschicktes Rechnen – Subtraktion im Kopf	60
Halbschriftliche Subtraktion ohne Überschreitung	62
Subtraktion über den Hunderter	63
Halbschriftliche Subtraktion mit Überschreitung	64
Schriftliche Subtraktion ohne Übertrag	66
Rund ums Kino	67
Schriftliche Subtraktion mit Übertrag bei den Einern	68
Schriftliche Subtraktion mit Übertrag bei den Zehnern	72

Kreis

Kreis	74
Kreise zeichnen	76

Subtraktion 2

Schriftliche Subtraktion mit Probe	78
Schriftliche Subtraktion bei ungleicher Stellenzahl	80
Die Null in der schriftlichen Subtraktion	81
Übung	82
Sachaufgaben	84
Das kannst du schon	85

Rauminhalte

Rauminhalte vergleichen	86
Verschiedene Formen – unterschiedlicher Rauminhalt?	88
Rauminhalte messen	89

Multiplikation

Wiederholung Multiplikation	90
Halbschriftliche Multiplikation	92
Übung	94
Schriftliche Multiplikation	96
Kinder und ihre Tiere	98

Zeit

Der Kalender	100
Die Uhrzeit	102
Wie spät ist es genau?	104
Stunden und Minuten	106
Minuten und Sekunden	107
Zeitpunkte	108
Zeitdauer	110
Wann fährt der Bus?	112

Umfang

Umfänge erforschen	114
Umfänge bestimmen	116

Körper
Körper   118

Division
Wiederholung Division   120
Halbschriftliche Division   122

Geld
Euro und Cent   124
Addition und Subtraktion von Geldbeträgen   126
Ergänzen von Geldbeträgen   128
Multiplikation und Division von Geldbeträgen   129
Projekt „Klassenfrühstück"   130

Längen
Wiederholung Längen   132
Zeichnen und Messen   133
Zentimeter und Millimeter   134
Meter und Zentimeter   136
Addition und Subtraktion von Längen   138
Multiplikation und Division von Längen   139
Kilometer   140
Kilometer und Meter   141
Reisen in Deutschland   142

Schriftliche Subtraktion im Ergänzungsverfahren   144

 schwierige Aufgaben

 Entdeckeraufgaben

 Partnerarbeit

 Gruppenarbeit

 über Mathematik sprechen

 Kontrollzahlen

Projektaufgaben

WIEDERHOLUNG

Addition bis 100

  1

Im Schulbus sitzen 57 Kinder.
18 steigen dazu.

Wie kannst du rechnen?

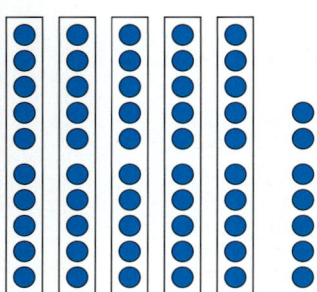 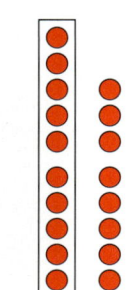

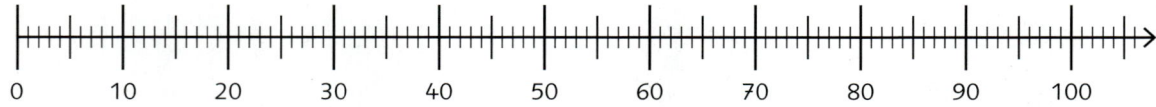

2 a) 38 + 45   b) 19 + 72   c) 19 + 23   d) 27 + 27   e) 18 + 57
      47 + 35   47 + 24   44 + 38   38 + 38   64 + 27
      56 + 25   35 + 56   75 − 27   49 + 49   78 − 46
      65 + 15   69 + 11   30 + 56   16 + 16   19 + 75
      74 + 5   93 − 8   80 + 11   50 + 50   53 + 27

🔑 32 32 42 48 54 71 75 76 79 80 80 80 81 82 82 83 85 86 90 91 91 91 91 94 98 100

3 a) 38 + 25   b) 19 + 54   c) 43 + 28   d) 77 + 23   e) 92 − 17
      97 − 37   29 + 55   42 + 38   69 + 18   23 + 56
      76 + 23   39 + 56   41 + 48   54 + 42   47 + 34
      15 + 64   49 + 47   40 + 58   100 − 25   25 + 68
      90 + 10   59 + 38   39 + 18   35 + 48   59 + 21

🔑 57 60 63 71 73 75 75 79 79 80 80 81 83 84 85 87 89 93 95 96 96 97 98 99 100 100

4 a) 19 + 15 = 34   b) 23 + 19 = ▨   c) 16 + 18 = ▨   d) 19 + 17 = ▨
      34 + 15 = ▨   42 + 19 = ▨   34 + ▨ = ▨   36 + ▨ = ▨
      49 + ▨ = ▨   61 + ▨ = ▨   ▨ + ▨ = ▨   ▨ + ▨ = ▨
      ▨ + ▨ = ▨   ▨ + ▨ = ▨   ▨ + ▨ = ▨   ▨ + ▨ = ▨

5 Rechne. Was fällt dir auf?

a) 49 + 24
24 + 49
63 + 28
■ + ■

b) 35 + 56
■ + ■
18 + 34
■ + ■

c) 62 + 19
■ + ■
17 + 22
■ + ■

d) 75 + 16
■ + ■
89 + 11
■ + ■

e) 53 + 12
■ + ■
71 + 23
■ + ■

6 Zahlenmauern. Übertrage in dein Heft und ergänze.

a) 19 23 38

b) 46 15 18

c) 25 __ 51

d) 60

e) __ 16 __

f) __ __ 13

7 Erfinde viele Plusaufgaben. Verwende diese Zahlen:

a) 25 63 81 17 39 55

b) 66 24 18 42 30 78

8

Paul
6 5 + 1 1 = 7 6
2 7 + 2 5
2 7 + 1 3

a) Erfinde viele Plusaufgaben, in denen mindestens eine dieser Zahlen vorkommt:
65, 27, 19, 35, 84, 16.

Fatima
2 7 + 3 9 = 6 5
6 5 + 2 7
1 8 + ■ = 6 5

b) Tauscht die Aufgaben untereinander aus und rechnet.

c) Erstelle für deine Aufgaben ein Lösungsblatt und kontrolliere.

9 a) Ich denke mir eine Zahl. Sie ist um 11 größer als 88.

b) Ich denke mir eine Zahl. Sie ist um 15 größer als 35.

c) Ich denke mir eine Zahl. Sie ist um 29 größer als 22.

d) Ich denke mir eine Zahl. Sie ist um 38 größer als 47.

e) Ich denke mir eine Zahl. Sie ist um 56 größer als 25.

Subtraktion bis 100

1 Im Schulbus sitzen 65 Kinder.
17 steigen aus.

Wie kannst du rechnen?

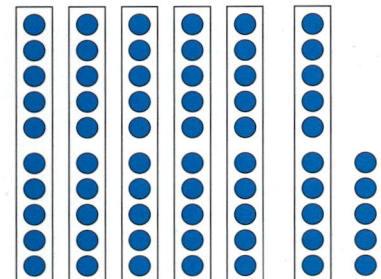
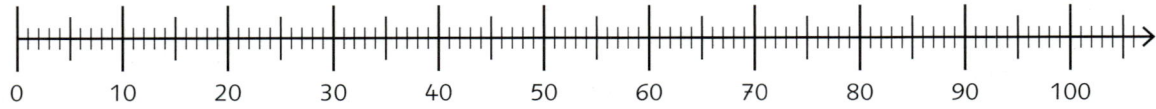

2
a)	b)	c)	d)	e)
79 − 28	99 − 16	65 − 36	75 − 26	95 − 17
98 − 19	88 − 16	91 − 12	85 − 36	62 − 49
57 − 35	77 − 16	52 + 35	95 − 46	83 − 35
64 − 47	66 − 16	78 − 48	15 + 56	74 + 26
35 − 15	55 − 16	43 − 29	65 − 26	56 − 46

🔑 10 13 14 17 20 22 29 30 39 39 48 49 49 49 50 51 61 71 72 75 78 79 79 83 87 100

3
a)	b)	c)	d)	e)
84 − 13	100 − 99	43 − 24	65 − 46	65 − 18
84 − 14	67 − 28	54 − 35	74 − 65	74 − 27
84 − 15	82 − 62	65 − 46	96 − 28	83 − 36
84 − 16	59 + 41	76 − 57	43 − 14	92 − 45
84 − 17	75 − 36	87 − 68	87 − 52	56 − 9

🔑 1 9 19 19 19 19 19 20 29 35 39 39 47 47 47 47 47 63 67 68 68 69 70 71 100

4
a)	b)	c)	d)
100 − 25 = 75	55 − 13 = ▩	94 − 16 = ▩	78 − 18 = ▩
75 − 25 = ▩	42 − 13 = ▩	78 − ▩ = ▩	60 − ▩ = ▩
50 − ▩ = ▩	29 − ▩ = ▩	▩ − ▩ = ▩	▩ − ▩ = ▩
▩ − ▩ = ▩	▩ − ▩ = ▩		

5 Rechne. Was fällt dir auf?

a) 73 + 12
   85 − 12

   56 + 23
   79 − 23

b) 37 + 44
   ■ − 44

   19 + 65
   ■ − 65

c) 25 + 56
   ■ − 25

   83 + 18
   ■ − 83

d) 66 + 25
   ■ − ■

   48 + 35
   ■ − ■

e) 52 + 33
   ■ − ■

   27 + 68
   ■ − ■

6 Zahlenmauern. Übertrage in dein Heft und ergänze.

a)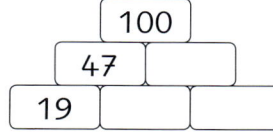

b)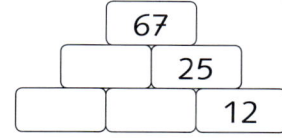

c)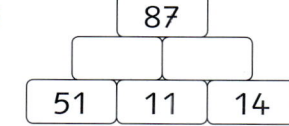

d)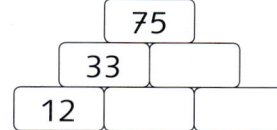

e)

f)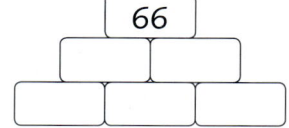

Wie kannst du rechnen?

7 a) 45 + ■ = 89
    43 + ■ = 89
    41 + ■ = 89
    39 + ■ = 89

b) ■ + 19 = 72
   ■ + 47 = 64
   ■ + 11 = 100
   ■ + 11 = 88

c) 26 + ■ = 41
   ■ + 57 = 72
   ■ + 48 = 93
   74 + ■ = 100

d) 99 = 23 + ■
   88 = 23 + ■
   77 = 23 + ■
   66 = ■ + 23

🔑 15 15 17 26 43 44 45 46 48 50 53 54 65 76 77 89 90

8 a) 78 − ■ = 56
    78 − ■ = 55
    78 − ■ = 54
    78 − ■ = 53

b) ■ − 12 = 78
   ■ − 25 = 66
   ■ − 31 = 51
   ■ − 43 = 32

c) 56 − ■ = 41
   ■ − 13 = 74
   ■ − 22 = 53
   100 − ■ = 74

d) 57 = 76 − ■
   46 = 76 − ■
   35 = 76 − ■
   24 = ■ − 52

🔑 15 19 20 22 23 24 25 26 30 41 75 75 76 82 87 90 91

9 a) Ich denke mir eine Zahl. Sie ist um 33 kleiner als 99.

b) Ich denke mir eine Zahl. Sie ist um 19 kleiner als 50.

c) Ich denke mir eine Zahl. Sie ist um 99 kleiner als 100.

d) Ich denke mir eine Zahl. Sie ist um 46 kleiner als 72.

e) Ich denke mir eine Zahl. Sie ist um 55 kleiner als 61.

Rechendreiecke und Zauberquadrate

1 Rechendreiecke. Schreibe die Aufgaben in dein Heft und rechne.

a) 25 / 34 46
b) 16 / 57 35
c) 97 / 56 44
d) 90 / 66 / 70

2 Zauberquadrate. Wie heißt die magische Zahl? Schreibe die Aufgaben in dein Heft und rechne.

a)
13 + 14 + 15 = ▢
11 – 16 – 15
18 – 14 – 10
13 – 12 – 17 — 13 + 12 + 17 = ▢
11 + 18 + 13 = ▢

b)
22 – 27 – 26
29 – 25 – 21
24 – 23 – 28

3 Wie heißt die magische Zahl? Ergänze die Zauberquadrate.

a)
17 – 22 – 21
○ – 20 – 16
19 – 18 – 23

b)
26 – 31 – 30
33 – 29 – ○
28 – 27 – 32

c)
12 – 17 – 16
19 – ○ – 11
14 – 13 – 18

4 Aufgabenfamilien

a) | 35 | 47 | 82 |

35 + 47 = ▢   82 – 47 = ▢
47 + 35 = ▢   82 – 35 = ▢

b) | 28 | 56 | 84 |

84 – 56 = ▢   28 + 56 = ▢
▢ – ▢ = ▢   ▢ + ▢ = ▢

c) | 12 | 69 | 81 |
d) | 46 | 31 | 77 |
e) | 47 | 52 | 99 |
f) | 71 | 100 | 29 |

g) | 25 | 36 | |
h) | 34 | 55 | |
i) | | 57 | 100 |
k) | 19 | | 89 |

Sachrechnen

1 Mona würde sich gerne die Tasse und den Fußball kaufen.
Sie hat 82 € gespart.

2 Ole möchte sich das Trikot, die Tasse und das Poster kaufen.
Von seinen Omas hat er zusammen 100 € zum Geburtstag bekommen.

3 ⭐ Ömer hat 70 € gespart.
Er würde sich gerne das Trikot und den Fußball kaufen.

4 Was würdest du dir kaufen? Erfinde Rechengeschichten.
Stelle sie deiner Klasse vor.

5 Erfinde Rechengeschichten zu 5 €, 50 € und 21 €.

6 a) Erfinde nun Rechengeschichten zu den Zahlen 2, 55 und 62.
b) Tausche sie mit deinem Nachbarn aus. Vergleicht die Ergebnisse.

7 a) Erfinde eine Rechengeschichte, bei der du das Ergebnis 74 erhältst.
⭐ b) Erfinde Rechengeschichten mit den Ergebnissen 64, 29 und 100.

8 Aufgabenfamilien

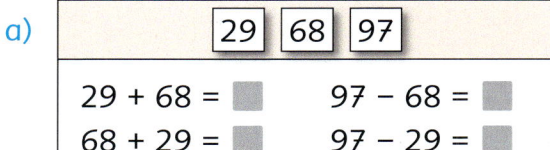

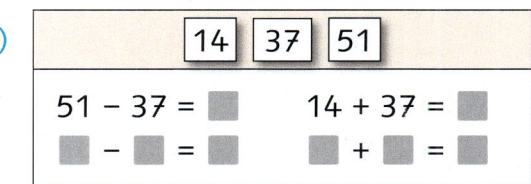

c) 20 79 99   d) 19 65 84   e) 38 49 87   f) 72 100 28

g) 32 39 ☐   h) 22 66 ☐   i) ☐ 34 80   k) 48 ☐ 99

Kopfrechnen: Multiplikation und Division

1 Welche Zahlen sind verdeckt? Erkennst du die Einmaleinsreihe?

a) 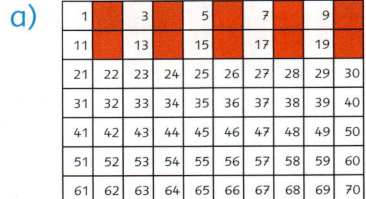   b) 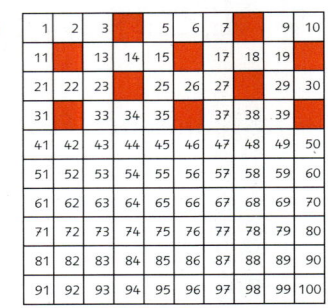   c)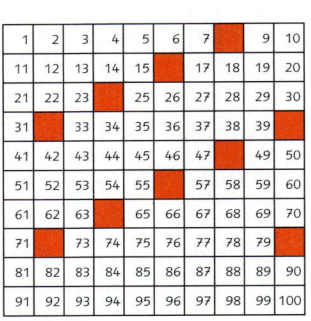

2 2er-Reihe

a)	b)	c)	d)	e)	f)
1 · 2	3 · 2	7 · 2	6 · 2	20 : 2	8 : 2
2 · 2	4 · 2	8 · 2	10 · 2	10 : 2	18 : 2
5 · 2	6 · 2	9 · 2	0 · 2	4 : 2	12 : 2
10 · 2	7 · 2	10 · 2	8 · 2	14 : 2	16 : 2

3 4er-Reihe

a)	b)	c)	d)	e)	f)
1 · 4	3 · 4	7 · 4	9 · 4	40 : 4	16 : 4
2 · 4	4 · 4	8 · 4	8 · 4	20 : 4	36 : 4
5 · 4	6 · 4	9 · 4	7 · 4	8 : 4	24 : 4
10 · 4	7 · 4	10 · 4	4 · 4	28 : 4	32 : 4

4 8er-Reihe

a)	b)	c)	d)	e)	f)
1 · 8	3 · 8	7 · 8	9 · 8	80 : 8	32 : 8
2 · 8	4 · 8	8 · 8	7 · 8	40 : 8	72 : 8
5 · 8	6 · 8	9 · 8	8 · 8	16 : 8	48 : 8
10 · 8	7 · 8	10 · 8	4 · 8	56 : 8	64 : 8

5 Was fällt dir auf?

a)	b)	c)	d)	e)	f)
10 · 2	3 · 4	7 · 8	9 · 2	6 · 8	■ · ■
20 : 2	■ : 4	■ : 8	■ : 2	■ : ■ 	■ : ■

6 Welche Zahlen sind verdeckt? Erkennst du die Einmaleinsreihe?

 a) 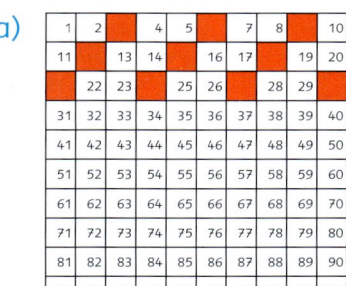 b) 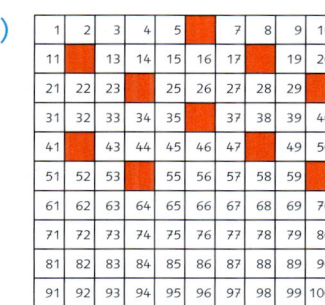 c)

7 3er-Reihe

a) 1 · 3　　b) 3 · 3　　c) 7 · 3　　d) 9 · 3　　e) 30 : 3　　f) 12 : 3
　　2 · 3　　　　4 · 3　　　　8 · 3　　　　7 · 3　　　　15 : 3　　　27 : 3
　　5 · 3　　　　6 · 3　　　　9 · 3　　　　8 · 3　　　　 6 : 3　　　18 : 3
　　10 · 3　　　7 · 3　　　　10 · 3　　　 4 · 3　　　　21 : 3　　　24 : 3

8 6er-Reihe

a) 1 · 6　　b) 3 · 6　　c) 7 · 6　　d) 9 · 6　　e) 60 : 6　　f) 24 : 6
　　2 · 6　　　　4 · 6　　　　8 · 6　　　　8 · 6　　　　30 : 6　　　54 : 6
　　5 · 6　　　　6 · 6　　　　9 · 6　　　　7 · 6　　　　12 : 6　　　36 : 6
　　10 · 6　　　7 · 6　　　　10 · 6　　　 4 · 6　　　　42 : 6　　　48 : 6

9 9er-Reihe

a) 1 · 9　　b) 3 · 9　　c) 7 · 9　　d) 9 · 9　　e) 90 : 9　　f) 36 : 9
　　2 · 9　　　　4 · 9　　　　8 · 9　　　　7 · 9　　　　45 : 9　　　81 : 9
　　5 · 9　　　　6 · 9　　　　9 · 9　　　　8 · 9　　　　18 : 9　　　54 : 9
　　10 · 9　　　7 · 9　　　　10 · 9　　　 4 · 9　　　　63 : 9　　　72 : 9

10 Was fällt dir auf?

a) 10 · 9　　b) 3 · 6　　c) 7 · 9　　d) 9 · 3　　e) 6 · 9　　f)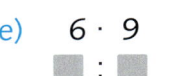
　　90 : 9　　　 ■ : 6　　　■ : 9　　　■ : 3　　　

11 Welche Zahlen sind verdeckt? Erkennst du die Einmaleinsreihe?

a) [Hundertertafel mit verdeckten Zahlen: 5, 15, 25, 35, 45, ...] b) [Hundertertafel mit verdeckten Zahlen: 10, 20, 30, 40, ...] c) [Hundertertafel mit verdeckten Zahlen: 7, 14, 21, 28, 35, 42, 49, 56, 63, 70]

12 5er-Reihe

a) 1 · 5
   2 · 5
   5 · 5
  10 · 5

b) 3 · 5
   4 · 5
   6 · 5
   7 · 5

c) 7 · 5
   8 · 5
   9 · 5
  10 · 5

d) 5 · 5
   6 · 5
   7 · 5
   8 · 5

e) 50 : 5
   25 : 5
   10 : 5
   35 : 5

f) 20 : 5
   45 : 5
   30 : 5
   40 : 5

13 10er-Reihe

a) 1 · 10
   2 · 10
   5 · 10
  10 · 10

b) 3 · 10
   4 · 10
   6 · 10
   7 · 10

c) 7 · 10
   8 · 10
   9 · 10
  10 · 10

d) 9 · 10
   8 · 10
   7 · 10
   4 · 10

e) 100 : 10
   50 : 10
   20 : 10
   70 : 10

f) 40 : 10
   90 : 10
   60 : 10
   80 : 10

14 7er-Reihe

a) 1 · 7
   2 · 7
   5 · 7
  10 · 7

b) 3 · 7
   4 · 7
   6 · 7
   7 · 7

c) 7 · 7
   8 · 7
   9 · 7
  10 · 7

d) 9 · 7
   4 · 7
   7 · 7
   8 · 7

e) 70 : 7
   35 : 7
   14 : 7
   49 : 7

f) 28 : 7
   63 : 7
   42 : 7
   56 : 7

15 Was fällt dir auf?

a) 10 · 10
  100 : 10
    5 · 5
    ■ : 5

b) 3 · 5
   ■ : 5
   7 · 7
   ■ : 7

c) 7 · 10
   ■ : 10
   3 · 10
   ■ : 10

d) 9 · 7
   ■ : 7
   8 · 5
   ■ : 5

e) 6 · 5
   ■ : ■
   4 · 7
   ■ : ■

f) ■ · ■
   ■ : ■
   ■ · ■
   ■ : ■ ⭐

16 Finde Malaufgaben mit dem gleichen Ergebnis.

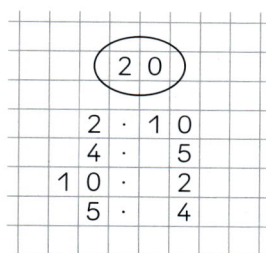

a) 12 b) 36 c) 18 d) 35
e) 27 f) 14 g) 24 h) 32
i) 16 k) 30 l) 48 m) 63
n) 40 o) 28 p) 56 q) 70

17 Rechentabellen. Übertrage in dein Heft und rechne.

a)
·	2	4	8
2			
5			
10			

b)
·	3	6	9
2			
4			
8			

c)
·	0	7	9
7	0		
			56
10			90

d)
·	6	7	8
3			
4			
5			

e)
·	2		6
4			
6			
8		32	

f)
·	9	8	7
		0	
7			
			35

18 Übertrage in dein Heft und ergänze.

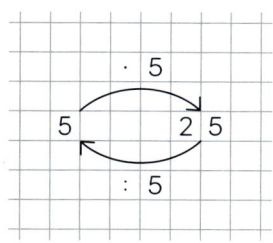

a) ·5 : 5 → 25 ← 5
b) ·7 : ☐ → 3 → ☐
c) ·8 : ☐ → 4 → ☐

d) ·9 : ☐ → 4 → ☐
e) ·6 : ☐ → ☐ → 42
f) ·☐ : ☐ → 8 → 56

19 Umkehraufgaben. Rechne im Heft.

a) 3 · 9 = 27
   27 : 9 = ☐

b) 6 · 7 = ☐
   ☐ : 7 = ☐

c) 4 · 8 = ☐
   ☐ : ☐ = ☐

d) 7 · ☐ = 35
   ☐ : ☐ = ☐

DER ZAHLENRAUM BIS 1000

Bündeln und entbündeln

1 a) Wie viele Pflastersteine liegen vor der Halle?

   b) Wie viele Pflastersteine legen die Arbeiter in eine Reihe?

   c) Wie viele Reihen legen die Arbeiter in eine Lage?
      Wie viele Pflastersteine sind das?

   d) Wie viele Lagen stapeln die Arbeiter zu einem Block?
      Wie viele Reihen sind das? Wie viele Pflastersteine sind es?

   e) Was war einfacher zu zählen, die Pflastersteine vor der Halle oder die gestapelten Pflastersteine? Begründe.

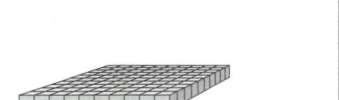

1 Pflasterstein   1 Reihe Pflastersteine   1 Lage Pflastersteine   1 Block Pflastersteine

2 1000 Dinge sammeln

   Findet heraus, wie sich Heftzwecken, Büroklammern, Schrauben, Nägel, Zahnstocher, Steine, Murmeln, 1-Cent-Münzen, Perlen ... am besten zählen lassen. Vergleicht eure Lösungen untereinander.

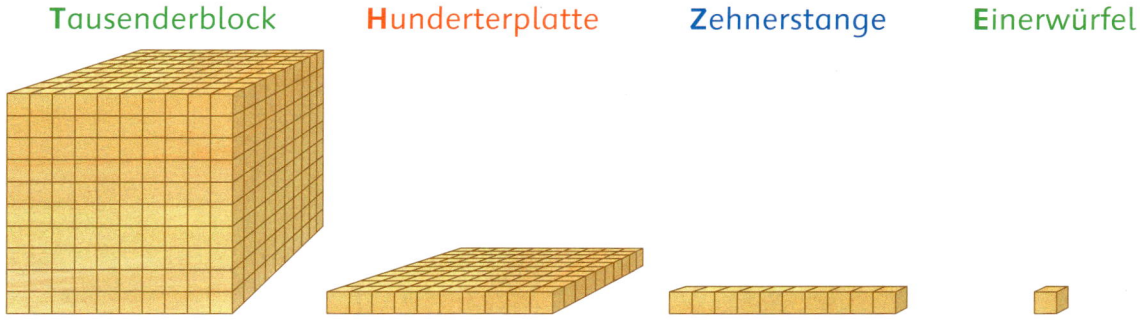

Tausenderblock   **H**underterplatte   **Z**ehnerstange   **E**inerwürfel

3 a) Wie viele Einerwürfel sind eine Zehnerstange? Probiere aus.
    b) Wie viele Zehnerstangen sind eine Hunderterplatte? Probiere aus.
    c) Wie viele Hunderterplatten sind ein Tausenderblock? Probiere aus.

4 a) 1 Zehnerstange besteht aus ■ Einerwürfeln.   1 Z = ■ E
    b) 1 Hunderterplatte besteht aus ■ Einerwürfeln.   1 H = ■ E
    c) 1 Tausenderblock besteht aus ■ Einerwürfeln.   1 T = ■ E

5 Wie viele Zehnerstangen sind ein Tausenderblock?

6 Lege und schreibe in die Stellenwerttafel. Welche Zahl ist dargestellt? Ordne zu.

H	Z	E
		1

H	Z	E
	1	0

H	Z	E
1	0	0

A   B   C   D

E   F   G   H

1
H	Z	E
		5

2
H	Z	E
	4	0

3
H	Z	E
		2

4
H	Z	E
4	0	0

5
H	Z	E
3	0	0

6
H	Z	E
	2	0

7
H	Z	E
2	0	0

8
H	Z	E
		4

7 Lege und schreibe in die Stellenwerttafel. Welche Zahl ist dargestellt?

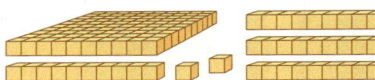 

H	Z	E
1	4	2

a)    b) 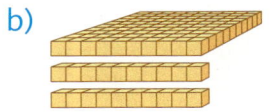   c)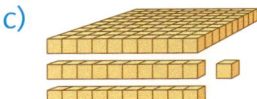

d) 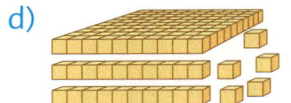   e) 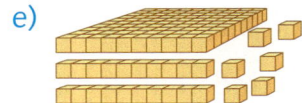   f)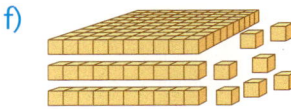

g) 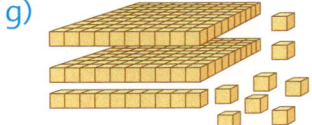   h) 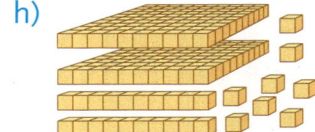   i)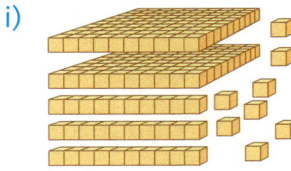

k) 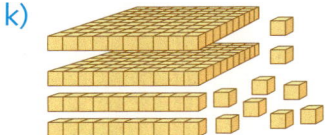   l) 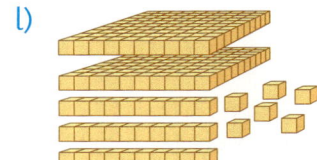   m)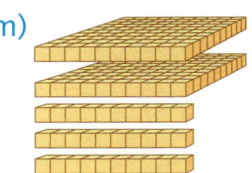

n) ★ 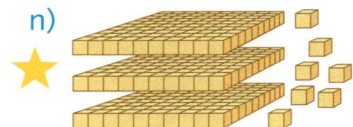   o) ★ 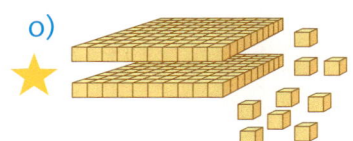   p) ★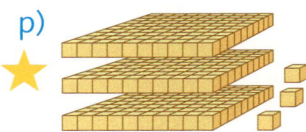

8 Lege mit Material und schreibe in die Stellenwerttafel.

	a)	b)	c)	d)	e)	f)	g)
	5	3	50	20	21	23	125
	50	30	250	520	22	33	225 ★
	500	300	260	620	23	34	325

9 Lege mit Material und schreibe in die Stellenwerttafel.

	a)	b)	c)	d)	e)	f)	g)
	345	521	156	5	589	121	1000
	346	531	256	55 ★	590 ★	120 ★	999
	347	541	356	555	591	119	989

10 Welche Zahl ist dargestellt? Kannst du sie auch mit weniger Material legen? Lege und schreibe sie in die Stellenwerttafel.

a)  b)

c) 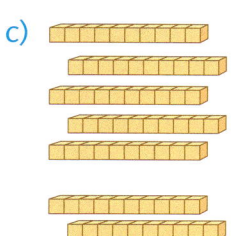 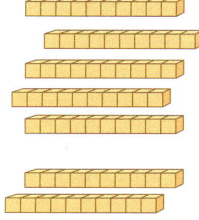 d)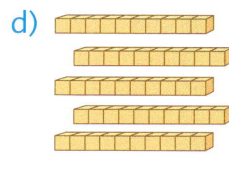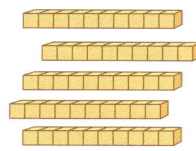

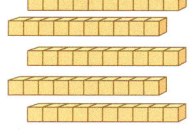 

11

Wie löst du diese Aufgabe?

12 Entbündeln

a) Tausche in Einerwürfel.

b) Tausche in Zehnerstangen.

c) Tausche in Hunderterplatten.
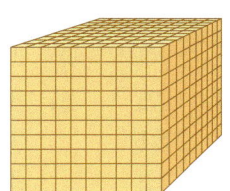

Das Tausenderfeld

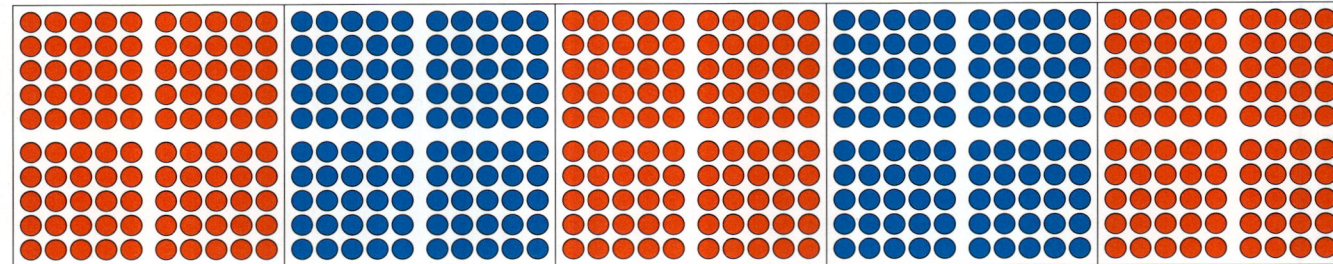

1 Auf dieser und der nächsten Seite ist ein Tausenderfeld abgebildet.
Aus wie vielen Hunderterfeldern besteht ein Tausenderfeld?
Wie viele Zehner hat ein Hunderterfeld?
Wie viele Einer hat ein Zehner?

2 Wie heißt die Zahl? Trage in die Stellenwerttafel ein.

H	Z	E
1	2	7

a)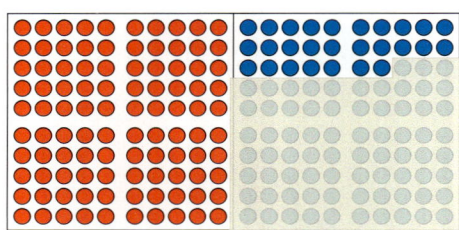

b)

c) Denke dir mindestens 4 Aufgaben selbst aus und vergleiche sie mit deinem Nachbarn.

d) Stelle die Zahlen aus den Aufgaben a), b) und c) mit Material dar.

3 Zeige am Tausenderfeld und trage in die Stellenwerttafel ein. Was fällt dir auf?

a)	b)	c)	d)	e)	f)	g)
125	345	100	501	258	408	998
251	355	10	510	158	409	999
512	365	1	51	58	410	1000

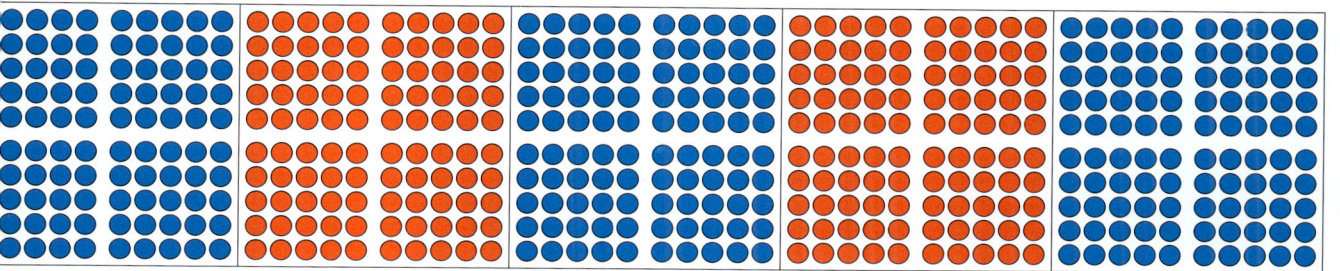

4 Du kannst Zahlen auch mit Zeichen darstellen.

Hunderter: Zehner:  Einer: • Beispiel: 123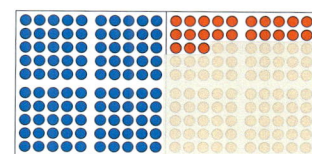

H	Z	E
1	2	3

Zeige am Tausenderfeld und schreibe in die Stellenwerttafel. Wie heißt die Zahl?

a)   b)  c)

d)   e)  f)

5 Zeige am Tausenderfeld. Zeichne die Zahlen. Trage in die Stellenwerttafel ein. Was fällt dir auf?

a) 234	b) 125	c) 500	d) 202	e) 413	f) 181	g) 890
342	225	50	220	213	191	990
432	325	5	22	13	201	910

6 Immer 1000. Erkläre am Tausenderfeld.

a) 900 + ☐ = 1000
   800 + ☐ = 1000
   700 + ☐ = 1000
   500 + ☐ = 1000
   600 + ☐ = 1000

b) 990 + ☐ = 1000
   980 + ☐ = 1000
   970 + ☐ = 1000
   960 + ☐ = 1000
   950 + ☐ = 1000

c) 995 + ☐ = 1000
   996 + ☐ = 1000
   997 + ☐ = 1000
   998 + ☐ = 1000
   999 + ☐ = 1000

Das Tausenderbuch

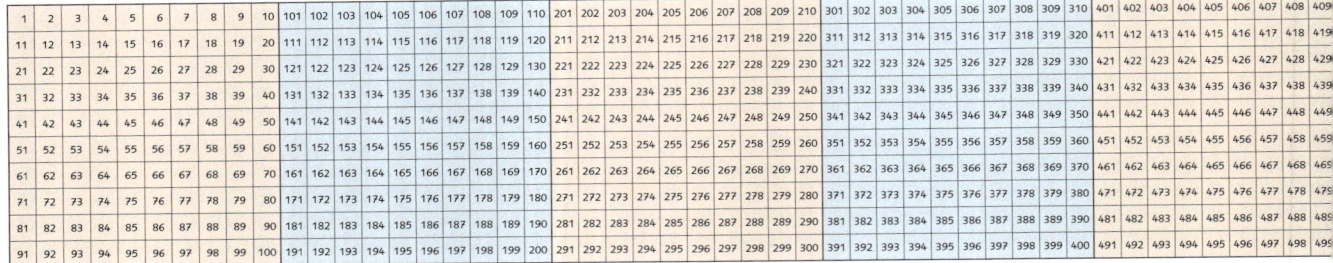

1 Auf dieser und der nächsten Seite ist ein Tausenderbuch abgebildet.
   a) Aus wie vielen Hundertertafeln besteht ein Tausenderbuch?
   b) Wie viele Zahlen und Felder sind auf einer Hundertertafel?
   ★ c) Wie sind die Zahlen angeordnet?

2 Suche im Tausenderbuch. Welche Zahlen fehlen?
   a) 152   b) 19   c) 211   d) 890
   e) 235   f) 1000   g) 250   h) 44

3 Zeige im Tausenderbuch. Zähle weiter.

a) 17, 18, …, 27
   31, 32, …, 41
   55, 56, …, 67

b) 217, 218, …, 227
   431, 432, …, 441
   655, 656, …, 667

c) 524, 523, …, 514
   999, 998, …, 989
   111, 110, …, 101

d) 20, 30, …, 120
   250, 260, …, 350
   810, 820, …, 910

e) 630, 640, …, 730
   473, 483, …, 573
   842, 852, …, 942

f) 870, 860, …, 770
   421, 411, …, 321
   389, 379, …, 289

g) 200, 300, …, 700
   400, 500, …, 900
   100, 200, …, 600

h) 120, 220, …, 620
   201, 301, …, 701
   345, 445, …, 845

i) 900, 800, …, 400
   750, 650, …, 250
   825, 725, …, 325

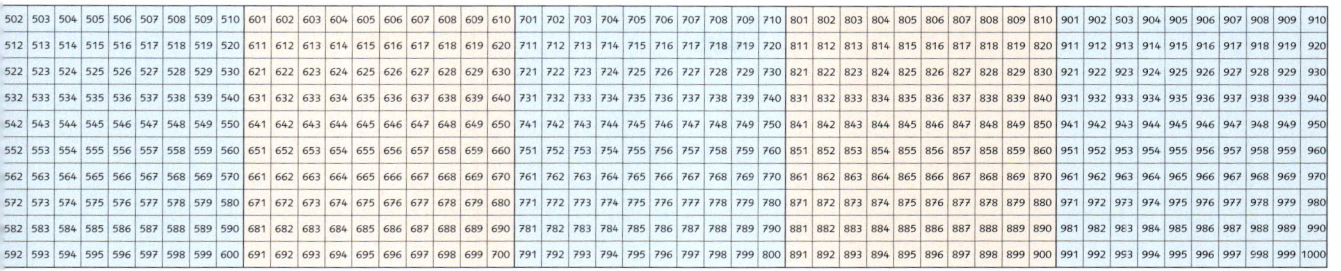

4 Suche im Tausenderbuch. Welche Zahlen fehlen?

a) 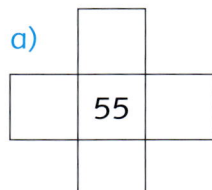 55

b) 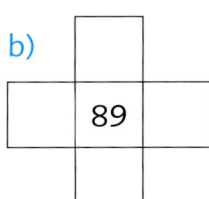 89

c) 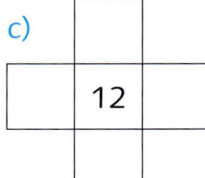 12

d) 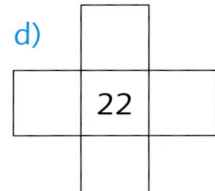 22

e) 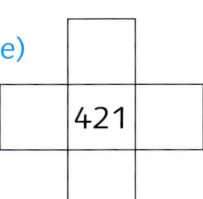 421

f) 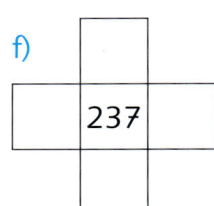 237

g) 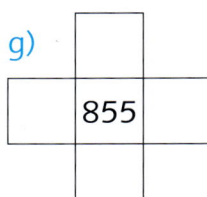 855

h) 112

5 Suche im Tausenderbuch dreistellige Zahlen,
  a) die aus gleichen Ziffern bestehen,
  b) die aus einer beliebigen Ziffer und zwei Nullen bestehen.
  c) Finde selbst Suchaufgaben.

6 Welche Zahlen stehen in den gelben Kästchen? Was fällt dir auf?

a) 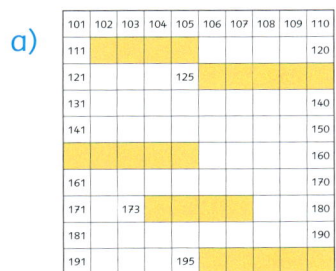 b) 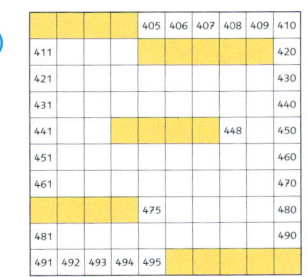 c)

Der Zahlenstrahl

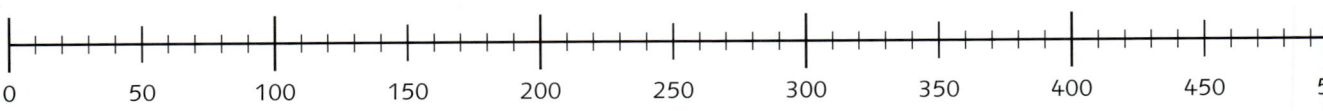

1 Finde die folgenden Zahlen auf dem Zahlenstrahl:

100, 1 000, 1, 500, 250, 10, 50, 25, 49, 333, 499, 404, 440, 720, 719, 721.

2 Wie heißt die Zahl?

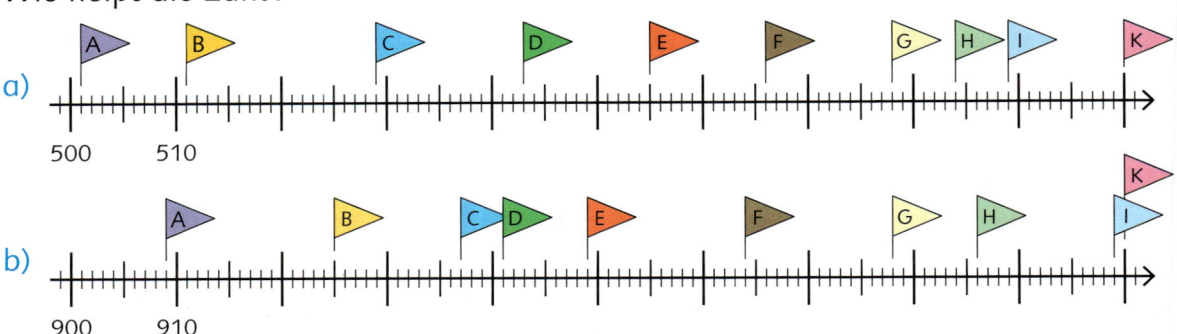

3 Zeige auf dem Zahlenstrahl und zähle weiter.

a) 500, 600, …, 1000
b) 500, 501, 502, …, 510
c) 910, 920, 930, …, 1000
d) 200, 205, 210, …, 250
e) 500, 400, …, 100
f) 1000, 999, 998, …, 990
g) 200, 190, 180, …, 100
h) 320, 318, 316, …, 300

4 Wie heißen Vorgänger und Nachfolger?

a) ▨, 123, ▨
  ▨, 129, ▨
  ▨, 132, ▨
  ▨, 135, ▨

b) ▨, 100, ▨
  ▨, 200, ▨
  ▨, 500, ▨
  ▨, 900, ▨

c) ▨, 299, ▨
  ▨, 599, ▨
  ▨, 899, ▨
  ▨, 999, ▨

d) ▨, 125, ▨
  ▨, 759, ▨
  ▨, 201, ▨
  ▨, 978, ▨

5 Vergleiche. >, < oder =?

a) 100 ● 101
  254 ● 250
  999 ● 988
  1000 ● 1000

b) 645 ● 640
  120 ● 12
  1000 ● 909
  111 ● 99

c) 395 ● 340
  777 ● 888
  550 ● 549
  222 ● 222

d) 414 ● 420
  823 ● 813
  79 ● 81
  680 ● 980

6 Finde die Zahlen auf dem Zahlenstrahl. Wie heißen die Nachbarzehner? Welcher Zehner liegt am nächsten? Kreise ein.

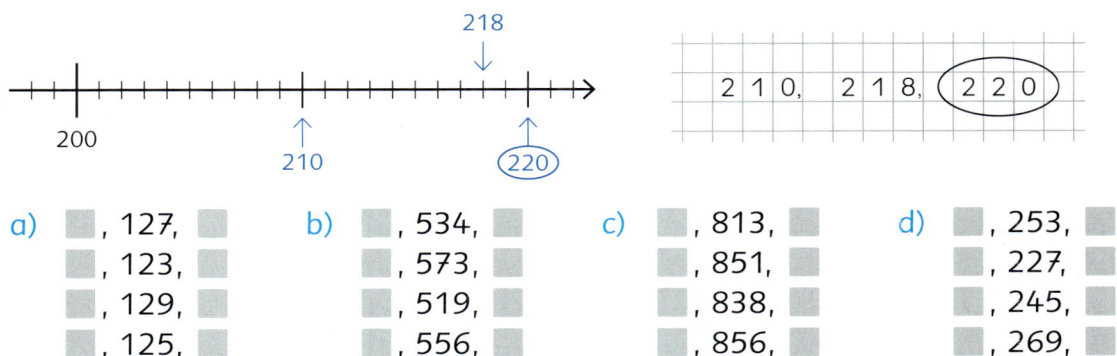

a) ■, 127, ■
■, 123, ■
■, 129, ■
■, 125, ■

b) ■, 534, ■
■, 573, ■
■, 519, ■
■, 556, ■

c) ■, 813, ■
■, 851, ■
■, 838, ■
■, 856, ■

d) ■, 253, ■
■, 227, ■
■, 245, ■
■, 269, ■

7 Finde die Zahlen auf dem Zahlenstrahl. Wie heißen die Nachbarhunderter? Welcher Hunderter liegt am nächsten? Kreise ein.

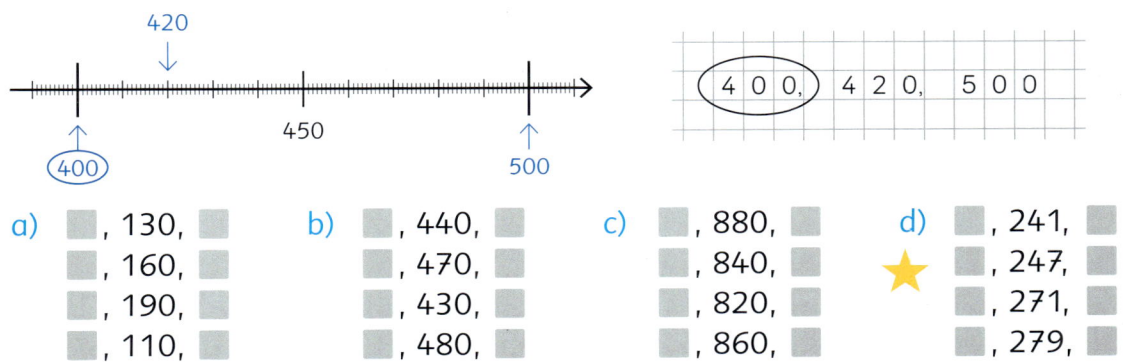

a) ■, 130, ■
■, 160, ■
■, 190, ■
■, 110, ■

b) ■, 440, ■
■, 470, ■
■, 430, ■
■, 480, ■

c) ■, 880, ■
■, 840, ■
■, 820, ■
■, 860, ■

d) ■, 241, ■
■, 247, ■
■, 271, ■
■, 279, ■

8 Welche Zahl liegt genau in der Mitte? Prüfe mit dem Zahlenstrahl.

a) 140, ■, 150
950, ■, 960
360, ■, 370
570, ■, 580

b) 800, ■, 900
600, ■, 700
500, ■, 600
300, ■, 400

c) 250, ■, 260
400, ■, 300
610, ■, 620
910, ■, 920

d) 880, ■, 890
300, ■, 400
500, ■, 600
260, ■, 270

9 Denke dir selbst solche Aufgaben aus. Lasse sie deinen Nachbarn lösen.

Runden

1 Suche die Zahl auf dem Zahlenstrahl. Welcher Zehner liegt am nächsten?

a) 51　　b) 61　　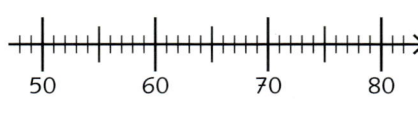　　c) 56　　d) 76
　　52　　　　62　　　　　　　　　　　　57　　　77
　　53　　　　63　　　　　　　　　　　　58　　　78
　　54　　　　64　　　　　　　　　　　　59　　　79

 e) Was fällt dir auf?

⭐ f) Welchem Zehner liegen die Zahlen 55, 65 und 75 am nächsten?

Abrunden zum Zehner
Du gehst bei den Einern auf dem Zahlenstrahl nach links, zurück zum nächsten Zehner.

52 ≈ 50

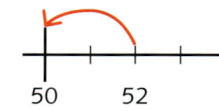

Aufrunden zum Zehner
Du gehst bei den Einern auf dem Zahlenstrahl nach rechts, vor zum nächsten Zehner.

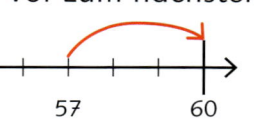

57 ≈ 60

≈ Dieses Zeichen bedeutet „ungefähr gleich".

Bei 1, 2, 3, 4 wird abgerundet.　　Bei 5, 6, 7, 8, 9 wird aufgerundet.

2 Runde zum Zehner.

a) 21　b) 45　c) 31　d) 91　e) 121　f) 255　g) 991　h) 796
　　34　　　49　　　37　　　75　⭐134　⭐239　⭐989　⭐542
　　42　　　48　　　43　　　58　　142　　228　　973　　858

Abrunden zum Hunderter
Du gehst bei den Zehnern auf dem Zahlenstrahl nach links, zurück zum nächsten Hunderter.

5**38** ≈ 500

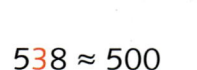　

Aufrunden zum Hunderter
Du gehst bei den Zehnern auf dem Zahlenstrahl nach rechts, vor zum nächsten Hunderter.

5**68** ≈ 600

3 Runde zum Hunderter.

a) 210　b) 480　c) 310　d) 660　e) 521　f) 491　g) 311　h) 353
　　330　　　350　　　550　　　830　⭐514　⭐573　⭐454　⭐641
　　410　　　490　　　530　　　750　　543　　685　　523　　597

Rechnen mit dem Taschenrechner

Es gibt viele verschiedene Modelle von Taschenrechnern. Anzahl und Anordnung der Tasten sind oft unterschiedlich. Die wichtigsten Tasten findest du aber bei jedem Taschenrechner.

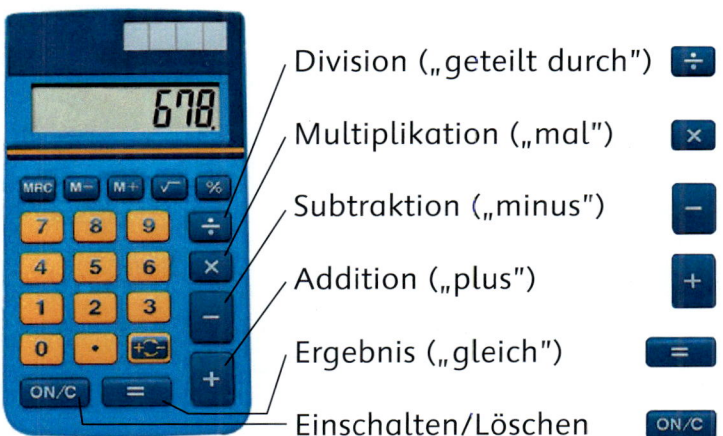

Division („geteilt durch")
Multiplikation („mal")
Subtraktion („minus")
Addition („plus")
Ergebnis („gleich")
Einschalten/Löschen

1 Tippe diese Zahlen in den Taschenrechner ein.
Beginne immer mit der Löschtaste.
Zahl: 567   Eingabe: ON/C 5 6 7

a) 123   b)   50   c) 125   d) 246   e) 7410   f) 1379   g) 4862
   456   500   250   135   852   1397   1475
   789   5000   375   864   963   1793   9635

2 Rechne im Heft. Prüfe mit dem Taschenrechner.
Beginne immer mit der Löschtaste.
Aufgabe: 56 + 27   Eingabe: ON/C 5 6 + 2 7 =

a) 18 + 57   b) 65 − 46   c) 8 · 9   d) 45 : 5   e) 17 + 69   f) 72 · 9
   64 + 27   74 − 65   5 · 7   63 : 9   86 − 27   91 − 32
   78 − 46   96 − 28   6 · 4   56 : 7   9 · 7   9 · 5
   19 + 75   43 − 14   3 · 8   72 : 8   81 : 9   37 + 43

3 Welche Aufgaben sind richtig gelöst? Kontrolliere mit dem Taschenrechner.

a) 635 + 257 = 890   b) 74 · 36 = 2664   c) 749 + 245 = 1000
    847 + 124 = 994   65 · 32 = 2010   852 − 534 = 882
    628 − 419 = 209   324 : 18 =   10   93 · 72 = 6696
   9631 − 5263 = 4366   854 : 61 =   12   418 : 22 =   18

4 Erfindet schwierige Rechenaufgaben.
Dein Partner darf sie mit dem Taschenrechner ausrechnen.

LAGEBEZIEHUNGEN

Parallel

Die Fensteröffnungen liegen parallel zueinander.

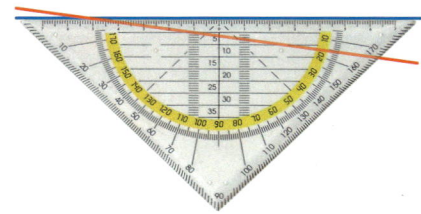

Der Boden liegt parallel zur Decke.

parallel zueinander. Die Geraden sind nicht parallel zueinander.

Parallele Geraden schneiden sich nicht.

1 Finde parallele Geraden. Untersuche mit Hilfe des Geodreiecks.

2 Schaue dich in deiner Klasse und auf dem Schulhof um.
Finde Geraden, die parallel zueinander liegen.

3 Falte ein Blatt Papier 5 cm von einem Rand entfernt. Falte es noch einmal.
Öffne es. Welche Geraden sind parallel zueinander?

Senkrecht

Die Mauern stehen senkrecht zum Boden.

Die Decke und die Mauern stehen senkrecht zueinander.

Der Maurer benutzt Wasserwaage und Winkel, damit die Bauteile senkrecht zueinander stehen. Wir überprüfen das mit dem Geodreieck.

Die Geraden stehen

senkrecht zueinander.   nicht senkrecht zueinander.

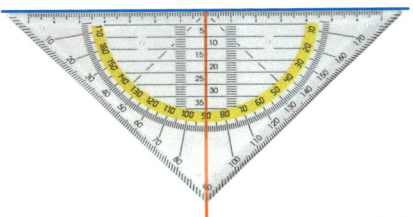 

Senkrechte Geraden bilden einen rechten Winkel.

1 Finde senkrecht zueinander stehende Geraden.

2 Schaue dich in deiner Klasse und auf dem Schulhof um.
Finde Geraden, die senkrecht zueinander stehen.

3 Falte ein Blatt Papier mehrfach in der Mitte. So, dass es immer kleiner wird. Öffne es. Welche Faltgeraden stehen senkrecht zueinander?

Vertiefung des rechten Winkels S. 52

Senkrechte und parallele Geraden zeichnen

1 Zeichne senkrecht zueinander stehende Geraden. Benutze dein Geodreieck.

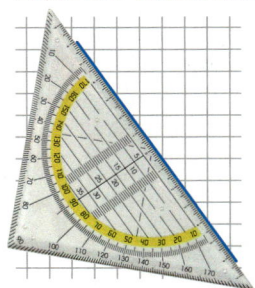

Zeichne eine Gerade. Lege das Geodreieck mit seiner Mittellinie auf die Gerade. Zeichne eine weitere Gerade entlang der Grundkante des Geodreiecks.

Beide Geraden stehen senkrecht zueinander.

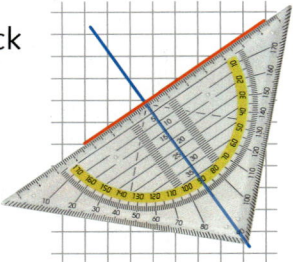

2 Zeichne mehrere senkrecht zueinander stehende Geraden in dein Heft.

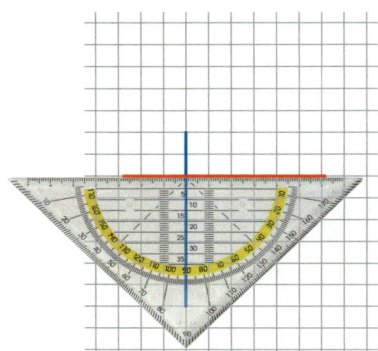 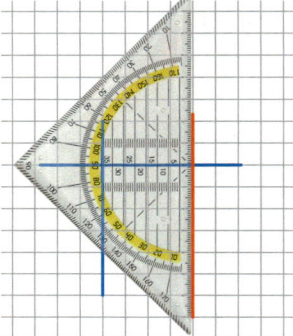 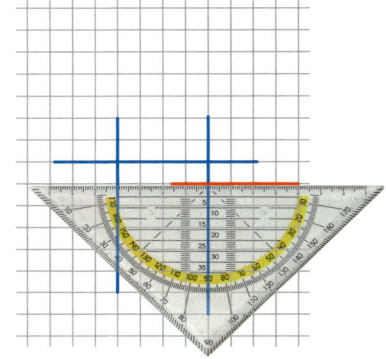

3 Zeichne parallele Geraden. Benutze dein Geodreieck.

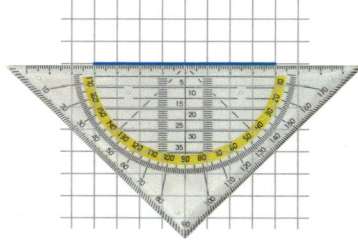

Zeichne eine Gerade in dein Heft. Lege das Geodreieck mit den Querlinien auf diese Gerade. Ziehe nun eine Gerade entlang der Grundkante des Geodreiecks.

Du hast zwei parallele Geraden.

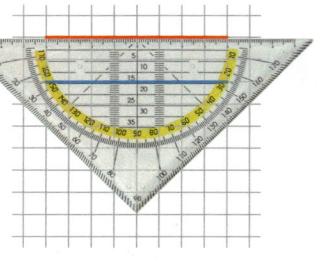

4 Zeichne Muster aus parallelen Strecken.

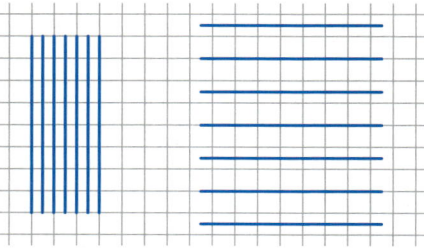 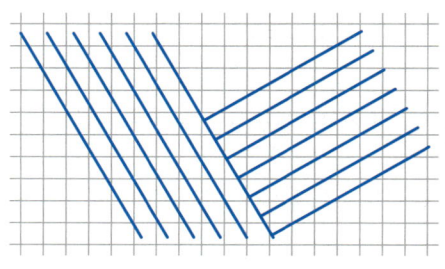

5 Zeichne große eckige Druckbuchstaben.

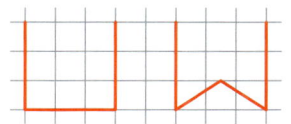

a) Bei welchen Buchstaben stehen alle Strecken senkrecht zueinander?

b) Welche haben parallele Strecken? Kreuzen sich die Strecken?

c) Versuche deinen Namen mit großen eckigen Buchstaben zu schreiben.

6 Zeichne die Figuren in dein Heft.

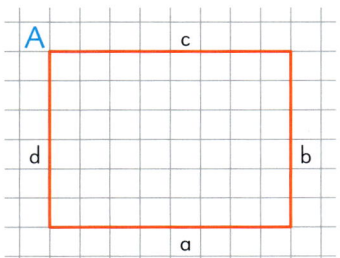 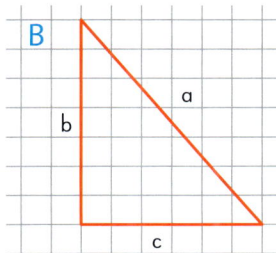 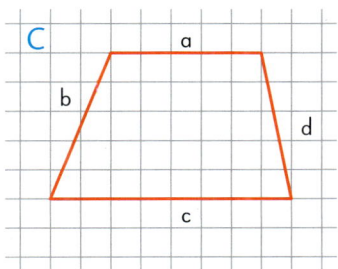

a) Miss alle Seiten aus und schreibe die Ergebnisse auf.

b) Zeichne parallele Seiten in der gleichen Farbe nach.

c) Welche Seiten stehen senkrecht zueinander?

7 Mit parallelen und senkrecht zueinander stehenden Strecken kannst du viele Muster zeichnen.

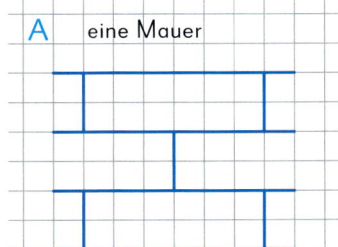 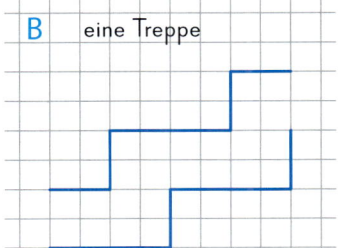 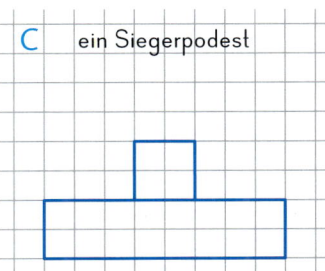

A eine Mauer   B eine Treppe   C ein Siegerpodest

a) Übertrage die Zeichnungen in dein Heft.

b) Wie viele parallele Strecken findest du in den Zeichnungen?

c) Gibt es Strecken, die nicht senkrecht zueinander stehen?

8 Gestalte ein Lesezeichen mit senkrecht zueinander stehenden und parallelen Strecken.

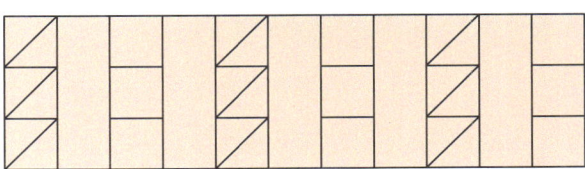

GEWICHTE

Gewichte vergleichen und messen

"Deine Schultasche ist viel schwerer als meine."

1
a) Wer von euch hat die schwerste Schultasche? Vergleicht.
b) Sortiert eure Schultaschen nach dem Gewicht. Beginnt mit der schwersten Tasche.

2

"Das Lexikon ist schwerer als der Krimi, weil …"

a) Suche dir 5 Bücher aus dem Klassenraum. Ordne sie nach dem Gewicht. Beginne mit dem leichtesten.
b) Verwende nun die Balkenwaage. Kommst du zum gleichen Ergebnis?

> Mit der Balkenwaage kann man das Gewicht von zwei Gegenständen vergleichen.

3

a) Wiegt die Bücher aus Aufgabe **2** mit der Balkenwaage aus. Schreibt eure Ergebnisse ins Heft.
b) Sucht euch nun verschiedene Gegenstände aus dem Klassenraum und messt ihr Gewicht auf die gleiche Weise. Schreibt eure Ergebnisse auf.

> Mit der Balkenwaage kann man in Gramm (g) und in Kilogramm (kg) messen.

4 Das Gewicht kann man mit unterschiedlichen Waagen messen.

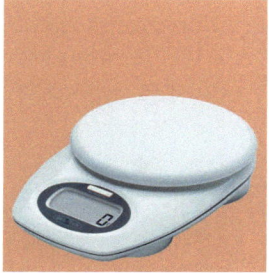  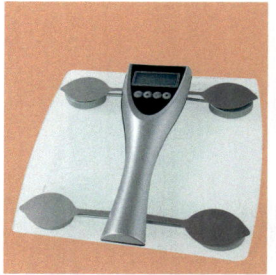 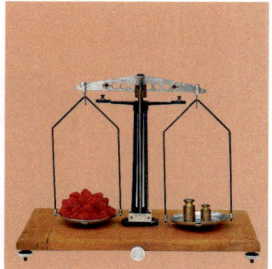

a) Ordne die Begriffe zu:

Personenwaage, Briefwaage, Balkenwaage, Küchenwaage.

b) Mit welcher Waage würdest du das Gewicht bestimmen? Begründe.

deine Schultasche, deine Mutter, ein Brief,
eine Milchtüte, dein Haustier, deine Trinkflasche

c) Übertrage die Tabelle in dein Heft. Finde Beispiele.

Küchenwaage	Briefwaage	Personenwaage	Balkenwaage

5 Übertrage die Tabelle in dein Heft.

1 g	100 g	1 kg
Büroklammer	Tafel Schokolade	Tüte Mehl

a) Finde Gegenstände, die ungefähr so viel wiegen.

b) Prüfe mit einer Waage.

6 a) Wiegt schwere Gegenstände aus.
Schreibt getrennt:

```
Atlas:  1 kg   2 0 0 g
```

b) Schreibt die verwendeten Gewichte auf.
Vergleicht eure Lösungen untereinander.
Was fällt euch auf?

Kilogramm und Gramm

1 Erzähle.

1 Kilogramm = 1000 Gramm
1 kg = 1000 g

2 Wie viel Gramm fehlen bis zum vollen Kilogramm? Ergänze.

a) 500 g
700 g
200 g
100 g
600 g

b) 250 g
650 g
450 g
350 g
750 g

c) 780 g
240 g
960 g
520 g
330 g

| 5 | 0 | 0 | g | + | | | | = | 1 | 0 | 0 | 0 | g |
| 7 | 0 | 0 | g | + | | | | = | 1 | 0 | 0 | 0 | g |

🗝 40 g 220 g 250 g 300 g 350 g 400 g 480 g 500 g 550 g 560 g 650 g 670 g 750 g 760 g 800 g 900 g

3 Fatima backt für den Geburtstag ihrer Mutter einen Kuchen.
Dazu braucht sie unter anderem 470 g Mehl und 380 g Zucker.
Für beide Zutaten öffnet sie jeweils eine neue 1-kg-Packung.

a) Wie viel g Mehl bleiben übrig?   b) Wie viel g Zucker bleiben übrig?

4 Du kannst Gewichte in eine Stellenwerttafel eintragen.
Das hilft dir beim Umrechnen von kg in g und umgekehrt.

kg	g		
8	2	3	5
1	9	7	4

8 kg 235 g
1 kg 974 g
2 kg 166 g
4 kg 826 g

8 kg 235 g = 8,235 kg
1 kg 974 g = 1,974 kg

Der rote Strich trennt kg und g. Wenn du den Betrag in kg schreibst, muss dort ein Komma gesetzt werden.

Übertrage ins Heft und ergänze.

Wie schwer ist die Klasse?

1. Ordne die Kinder nach ihrem Gewicht. Beginne mit dem schwersten Kind.

2. a) Wie heißen das leichteste Mädchen und der leichteste Junge in der Klasse?

   b) Wie heißen das schwerste Mädchen und der schwerste Junge in der Klasse?

   ⭐ c) Schätze zuerst und rechne dann.
   Welche beiden Kinder sind zusammen schwerer:

   das leichteste Mädchen und der schwerste Junge oder
   das schwerste Mädchen und der leichteste Junge?

3. Je drei Freunde stellen sich gemeinsam auf die Waage.
   Welche Gruppe ist am schwersten? Schätze zuerst und rechne dann aus.

   | Mira – Fatima – Ole | Anna – Lena – Lisa | Paul – Murat – Tim |

4. Wie schwer sind alle Kinder der Klasse zusammen?
   Schätze zuerst und rechne dann aus.

5. a) Ole fragt: „Wie schwer sind denn nur die Jungen?"

   b) Mira will wissen: „Sind alle Mädchen zusammen schwerer als alle Jungen?"

   Was meinst du? Schätze zuerst und berechne dann den genauen Unterschied.

ADDITION

Geschicktes Rechnen – Addition im Kopf

1 Erzähle.

2 Lege nach und schreibe die Aufgaben in dein Heft.

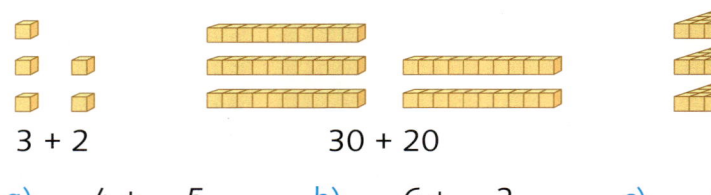

3 + 2   30 + 20   300 + 200

a) 4 + 5   b) 6 + 2   c) 8 + 1   d) 7 + 3
   40 + 50   60 + 20   80 + 10   70 + 30
   400 + 500   600 + 200   800 + 100   700 + 300

3 Finde die Plusaufgaben mit dem gleichen Ergebnis.

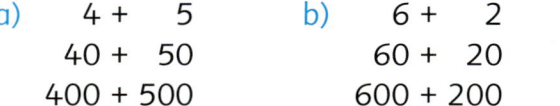

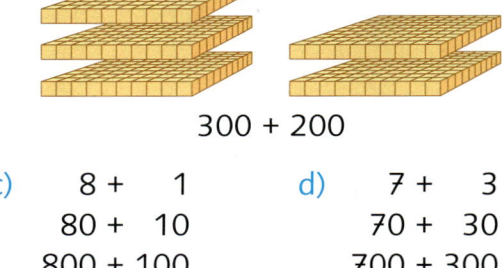

a) 4   40   400
b) 9   90   900
c) 5   50   500
d) 7   70   700
e) 6   60   600

36

4 Legt nach und schreibt die Aufgaben in eure Hefte.

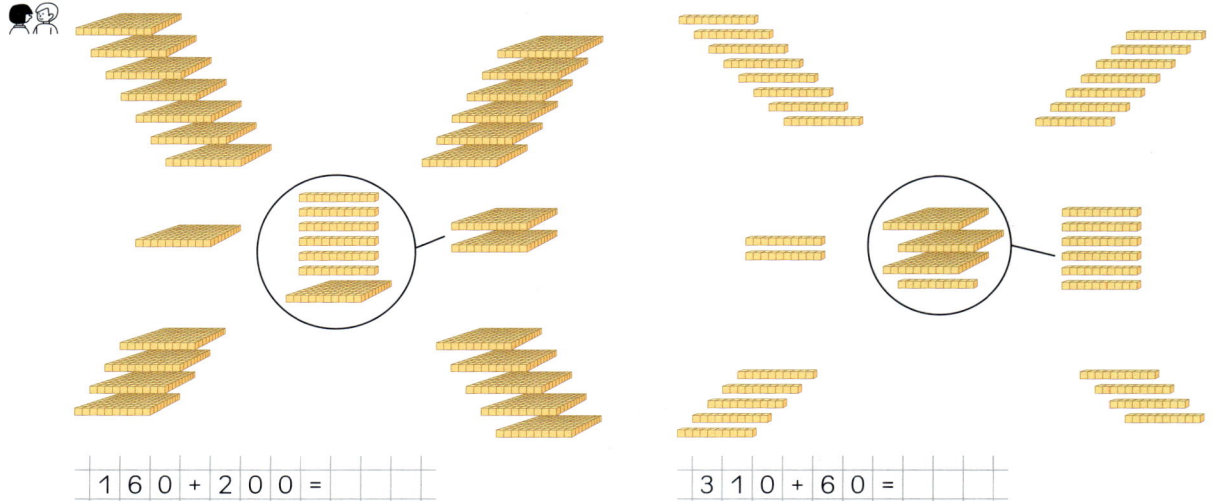

1 6 0 + 2 0 0 =   3 1 0 + 6 0 =

5 Schreibe die Aufgaben in dein Heft und addiere.

a) 130 220 310 430 540 630 720 + 20 30 40 50

b) 470 390 260 180 250 360 440 + 100 200 300 400

6 Rechne im Heft.

a) 560 + 200   b) 230 + 60   c) 670 + 300   d) 420 + 60   e) 240 + 140
   720 + 100   160 + 20   750 + 40   780 + 200   ★ 530 + 20
   370 + 500   930 + 50   230 + 200   340 + 30   380 + 310
   630 + 300   350 + 40   640 + 50   410 + 400   930 + 70

7 Schreibe die Aufgaben in dein Heft und rechne.

3 6 0 + = 4 0 0

a) 320 + ▨ = 400   b) 490 + ▨ = 500   c) 580 + ▨ = 600
   350 + ▨ = 400   430 + ▨ = 500   510 + ▨ = 600
   370 + ▨ = 400   460 + ▨ = 500   570 + ▨ = 600

8 Ergänze die Zahlen zum nächsten Hunderter.

a) 280 + ▨ = 300   b) 350 + ▨ = 400   c) 780 + ▨ = 800   d) 360 + ▨ = ▨
   610 + ▨ = 700   440 + ▨ = 500   820 + ▨ = 900   730 + ▨ = ▨

Addition über den Hunderter

1 Der Sprung über den Hunderter. Arbeite mit dem Material.

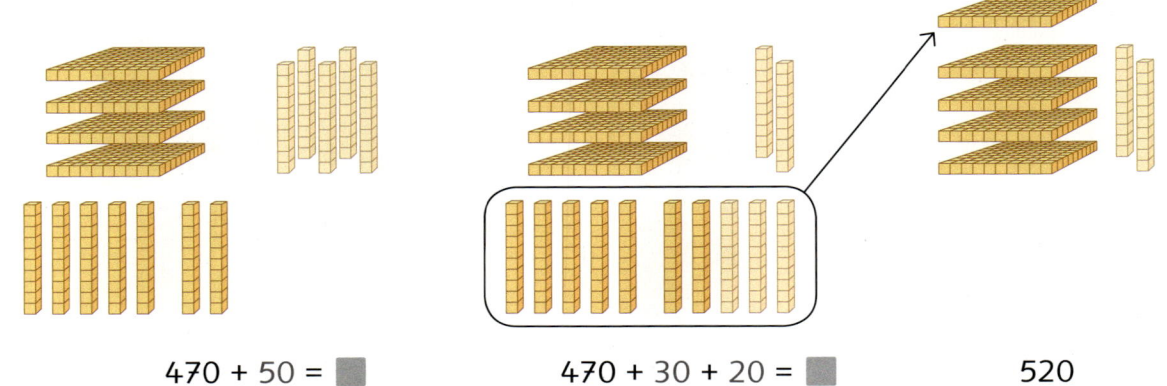

470 + 50 = ▭   470 + 30 + 20 = ▭   520

2 Zerlege und rechne.

a) 570 + 60
570 + 30 + 30

570 + 90
570 + 30 + 60

b) 260 + 50
260 + 40 + ▭

260 + 80
260 + 40 + ▭

c) 780 + 70
780 + ▭ + ▭

780 + 30
780 + ▭ + ▭

d) 890 + 90
890 + ▭ + ▭

890 + 60
890 + ▭ + ▭

3 Überlege am Zahlenstrahl.

160 + 70
160 + 40 + 30

330 + 90
330 + 70 + 20

4 Rechne im Heft. Benutze den Zahlenstrahl.

a) 790 + 40
270 + 60
650 + 70
580 + 30
430 + 80

b) 240 + 70
770 + 50
630 + 90
880 + 40
160 + 60

c) 130 + 90
290 + 40
450 + 70
170 + 60
680 + 30

d) 450 + 60
180 + 40
270 + 70
390 + 20
740 + 90

e) 150 + 80
580 + 50
720 + 90
440 + 70
670 + 40

5 ★

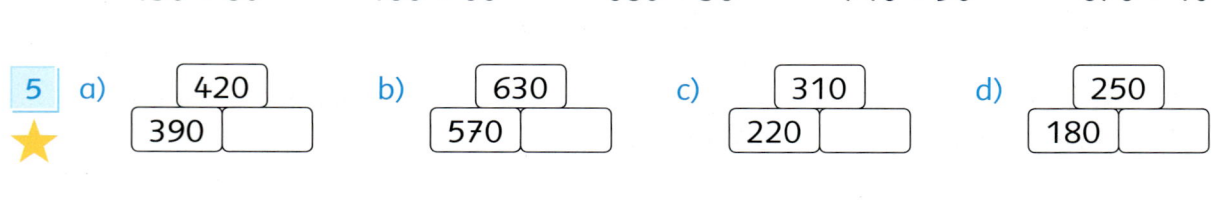

a) 420 / 390

b) 630 / 570

c) 310 / 220

d) 250 / 180

Halbschriftliche Addition

Lisa und Ole haben vor der Schule Nüsse gesammelt.
Ole hat 250 und Lisa hat 170 Nüsse im Korb.   Lisa schreibt:

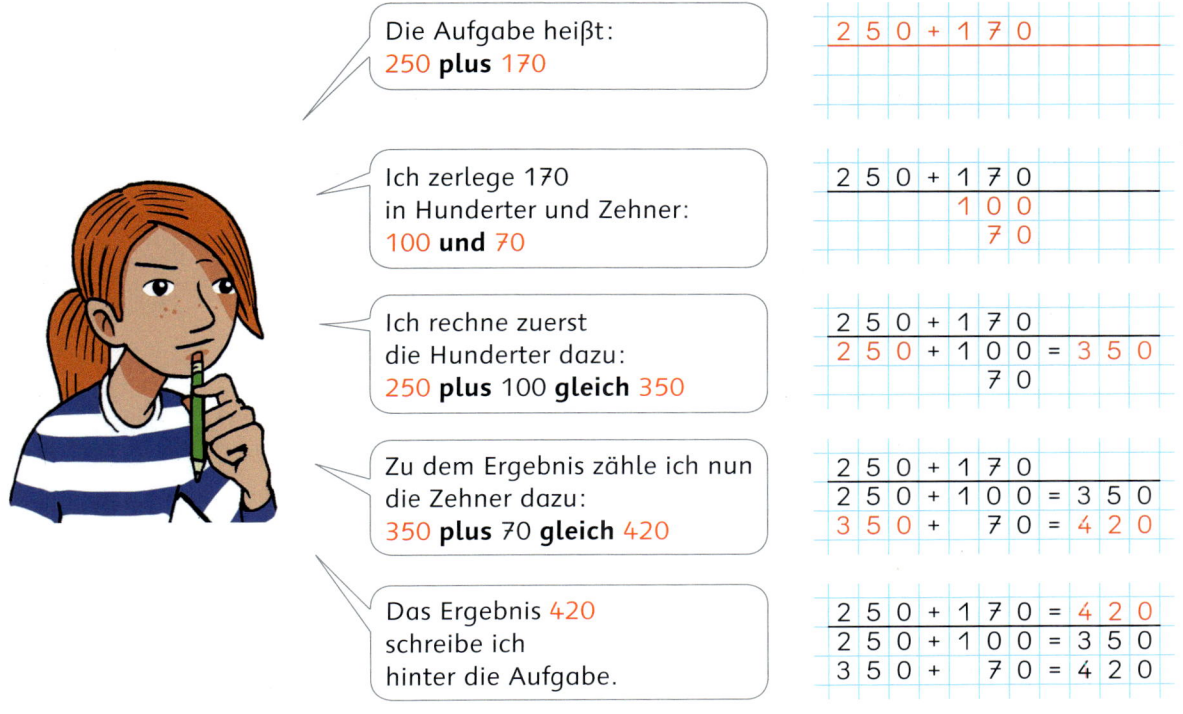

1 Auch andere Kinder haben Nüsse gesammelt. Wer hat die meisten gesammelt?
Schreibe ins Heft und rechne wie Lisa. Zerlege zuerst die zweite Zahl.

Mira und Tim	Fatima und Paul	Mona und Dennis	Ina und Ömer
280 + 230	340 + 250	450 + 130	330 + 190

2 a) 280 + 150   b) 340 + 260   c) 470 + 320   d) 860 + 160   e) 340 + 570
    450 + 150   280 + 260   520 + 320   590 + 270   770 + 180
    620 + 150   460 + 260   610 + 320   450 + 330   480 + 480

3 Herr Friedemann baut ein Haus. Für die Vorderseite braucht er
noch 450 Steine, für die Rückseite braucht er noch 380 Steine.
Wie viele Mauersteine braucht Herr Friedemann?

4 Im Kino läuft ein lustiger Film. 270 Erwachsene und 190 Kinder schauen zu.
Wie viele Zuschauer sind es insgesamt?

Addition auf verschiedenen Wegen

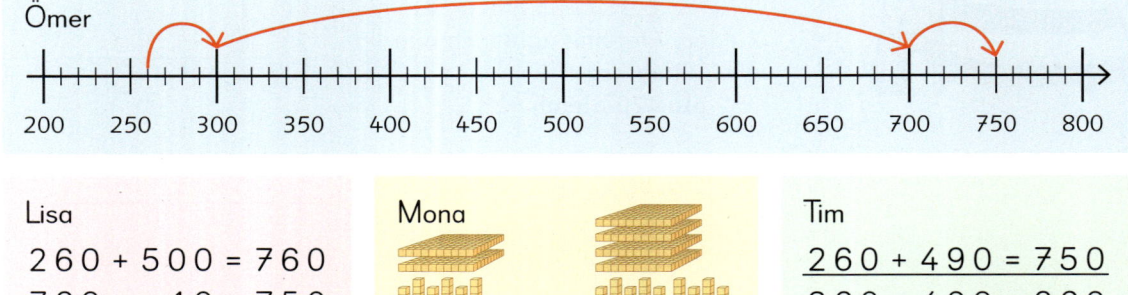

Lisa
260 + 500 = 760
760 −   10 = 750

Mona

Tim
260 + 490 = 750
260 + 400 = 660
660 +   90 = 750

1 Welchen Rechenweg findest du am besten?
Stelle ihn deiner Klasse vor.

2 Probiere verschiedene Rechenwege aus.

a) 280 + 190   b) 370 + 220   c) 350 + 350   d) 360 + 240   e) 450 + 170
   490 + 490   260 + 280   490 + 310   580 + 230   640 + 280

⌕ 240 470 540 590 600 620 700 800 810 920 980

3 Wie rechnest du?

a) 260 + 590   b) 480 + 290   c) 370 + 470   d) 180 + 630   e) 450 + 490
   360 + 360   290 + 710   440 + 190   530 + 380   130 + 390

⌕ 520 630 720 750 770 810 840 850 910 940 1000

Schriftliche Addition ohne Übertrag

Die Kinder sammeln für das Umweltprojekt in der Schule alte Batterien. 351 leere Batterien haben sie schon. Tims Vater hilft ihnen und bringt noch 243 Batterien von der Arbeit mit.   Tim schreibt:

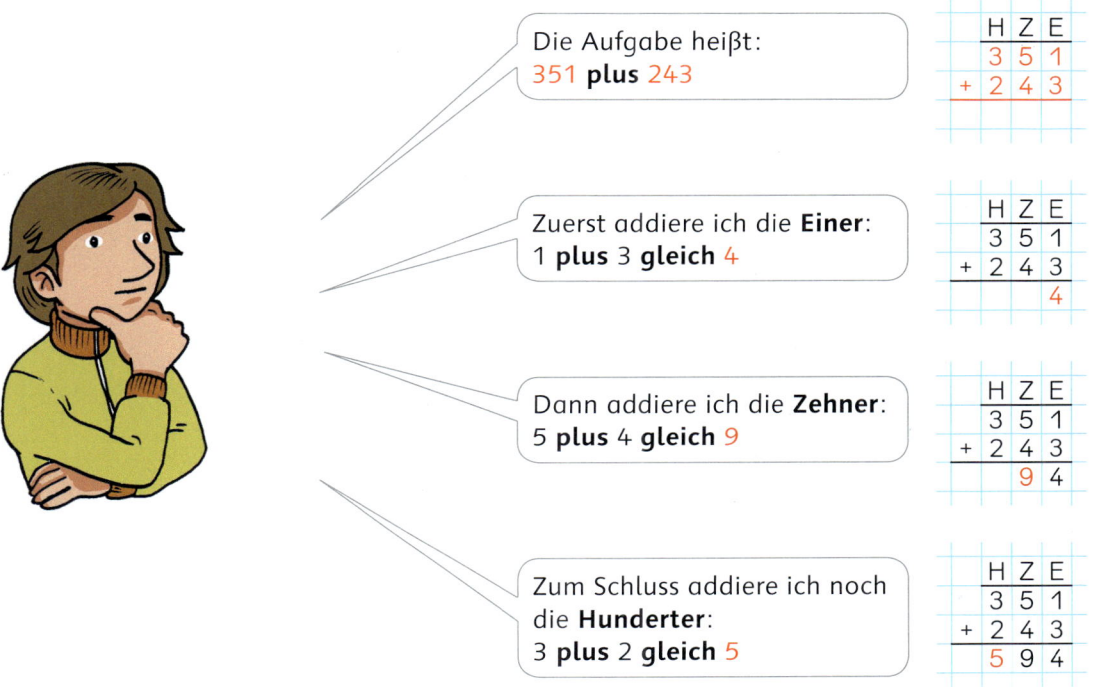

Die Kinder haben 594 Batterien gesammelt.

1 Lena und Lisa machen mit. Lena hat 134 und Lisa hat 142 Batterien gesammelt. Rechne schriftlich und überprüfe mit dem Material.

Lisa rechnet:

H	Z	E
1	3	4
+1	4	2

Lena prüft:

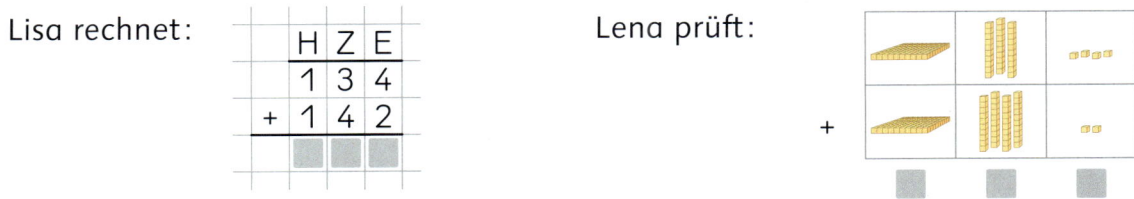

2 Addiere wie Lisa und prüfe wie Lena.

a)
H	Z	E
6	7	3
+2	2	5

b)
H	Z	E
8	6	2
+1	3	7

c)
H	Z	E
5	4	7
+2	4	1

d)
H	Z	E
3	2	6
+4	6	3

e)
H	Z	E
7	8	1
+2	1	7

Mit dem Flugzeug auf die Insel

Montag	Dienstag	Mittwoch	Donnerstag	Freitag	Samstag	Sonntag
422 Passagiere		425 Passagiere		432 Passagiere		451 Passagiere
364 Passagiere	354 Passagiere	362 Passagiere	368 Passagiere	334 Passagiere	375 Passagiere	346 Passagiere
	421 Passagiere		411 Passagiere		413 Passagiere	

1 Jeden Tag landen zwei Flugzeuge auf der Insel Korfu.

a) Wie viele Passagiere landen am Montag auf Korfu?

b) Wie viele Passagiere landen jeweils an den anderen Tagen?

c) An welchem Tag landen die meisten Passagiere auf Korfu?

Montag:

H	Z	E
4	2	2
+3	6	4

2 Familie Elbrecht möchte in den Ferien auch nach Korfu fliegen. Für die Eltern kostet der Urlaub zusammen 657 €. Für ihren Sohn kostet der Urlaub 242 €. Wie viel Euro kostet der Urlaub für die ganze Familie?

3 Herr Friedemann hat für seine Urlaubswoche auf Korfu 423 € bezahlt. Nun möchte er noch eine Woche länger bleiben und bezahlt dafür noch 276 €. Wie viel kostet ihn sein Urlaub nun?

4 ⭐ Das neue Großraumflugzeug hat 650 Plätze. 216 Passagiere sitzen schon im Flugzeug. 433 Passagiere wollen noch zusteigen. Passen alle ins Flugzeug?

5 Schreibe stellengerecht in dein Heft und rechne.

a) 628 + 141
312 + 523

b) 125 + 341
147 + 442

c) 722 + 167
666 + 333

d) 531 + 228
812 + 173

e) 746 + 232
651 + 137

🔑 466 589 739 759 769 788 835 889 978 985 999

Addition mit Null

Achtung: Kein Hunderter!

1 Warum muss Murat aufpassen?

2 Rechne wie Murat.

a) H Z E / 3 1 5 / + 7 1
b) H Z E / 5 2 4 / + 5 2
c) H Z E / 4 2 3 / + 4 6
d) H Z E / 7 1 2 / + 5 5
e) H Z E / 5 3 1 / + 3 7

f) 621 + 76
735 + 52

g) 228 + 61
813 + 45

h) 963 + 32
354 + 23

i) 111 + 87
546 + 21

k) 852 + 46
622 + 65

Achtung: Null!

3 Rechne wie Anna.

a) H Z E / 4 1 7 / + 2 6 0
b) H Z E / 3 2 0 / + 1 6 8
c) H Z E / 4 3 0 / + 5 3 7
d) H Z E / 6 5 4 / + 2 0 3
e) H Z E / 3 1 4 / + 5 2 0

f) 140 + 729
358 + 230

g) 677 + 110
504 + 471

h) 570 + 323
745 + 240

i) 821 + 170
610 + 352

k) 750 + 144
219 + 450

Schriftliche Addition mit Übertrag bei den Einern

Die Kinder der Klasse 5b haben auf dem Stadtfest am Wochenende selbst gemachte Kekse, Kerzen, Karten und Holzspielzeug verkauft. Am Samstag haben sie 216 € und am Sonntag 147 € eingenommen. Nun zählen sie die Einnahmen der beiden Tage zusammen:

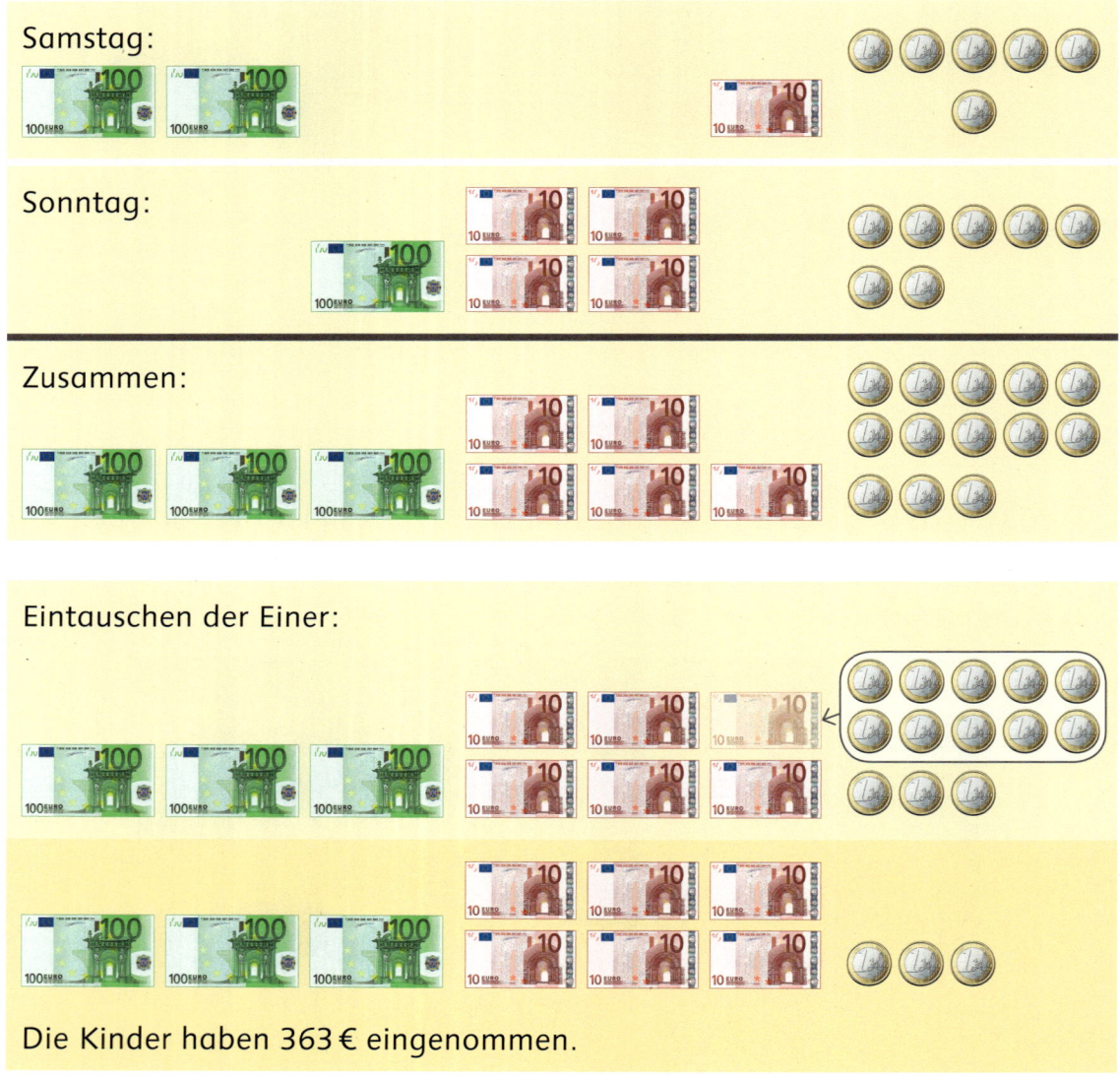

Die Kinder haben 363 € eingenommen.

1 Lege die Aufgaben mit Rechengeld. Bündele immer zehn Einer und tausche sie gegen einen Zehner. Vergleiche mit deinem Nachbarn.

a) 256 € + 419 €
    425 € + 367 €

b) 158 € + 223 €
    414 € + 238 €

c) 637 € + 117 €
    523 € + 369 €

d) 426 € + 368 €
    835 € + 126 €

Anna rechnet:

Anna schreibt:

Die Aufgabe heißt:
216 plus 147

```
  H Z E
  2 1 6
+ 1 4 7
```

Zuerst addiere ich die **Einer** und bündele sie:
6 **plus** 7 **gleich** 13
Ich schreibe 3 **Einer** und übertrage 1 **Zehner**.

```
  H Z E
  2 1 6
+ 1 4 7
    1
      3
```

Dann addiere ich die **Zehner**:
1 **plus** 4 **plus** 1 **gleich** 6

```
  H Z E
  2 1 6
+ 1 4 7
    1
    6 3
```

Zum Schluss addiere ich noch die **Hunderter**:
2 **plus** 1 **gleich** 3

```
  H Z E
  2 1 6
+ 1 4 7
    1
  3 6 3
```

2 Schreibe ins Heft und rechne wie Anna.

a)
```
  H Z E
  5 3 8
+ 2 4 4
```

b)
```
  H Z E
  2 1 6
+ 3 5 8
```

c)
```
  H Z E
  4 5 2
+ 2 1 9
```

d)
```
  H Z E
  6 3 9
+ 1 4 7
```

e)
```
  H Z E
  2 4 7
+ 7 2 9
```

3 Schreibe stellengerecht untereinander und rechne.

a) 614 + 238
479 + 314

b) 316 + 235
168 + 218

c) 527 + 366
765 + 219

d) 123 + 168
525 + 257

🗝 291 386 551 631 782 793 852 893 984

4 Achtung: Freie Stelle!

a)
```
  H Z E
  4 1 8
+   5 4
```

b)
```
  H Z E
  2 4 5
+   3 8
```

c)
```
  H Z E
  6 2 7
+   5 7
```

d)
```
  H Z E
  9 1 9
+   6 6
```

e)
```
  H Z E
  5 3 6
+   4 9
```

Schriftliche Addition mit Übertrag bei den Zehnern

Eine neue Aufgabe für Ole: Ole schreibt:

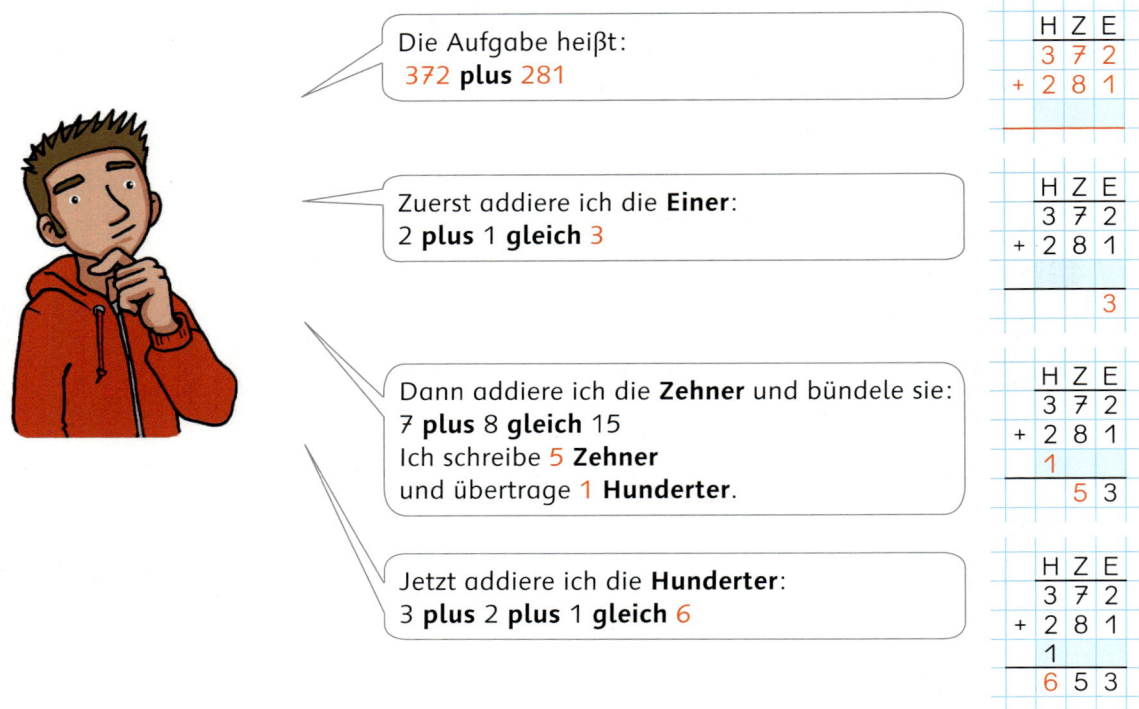

1 Schreibe in dein Heft und rechne wie Ole.

a) H Z E
      2 5 3
    + 3 7 4

b) H Z E
      4 9 5
    + 1 8 2

c) H Z E
      3 3 3
    + 4 8 2

d) H Z E
      6 7 5
    + 2 7 3

e) H Z E
      3 7 2
    + 1 4 6

2 Schreibe stellengerecht untereinander und rechne.

a) 672 + 183
   436 + 391

b) 184 + 142
   362 + 171

c) 425 + 293
   251 + 276

d) 142 + 292
   463 + 286

 326 434 527 533 622 718 749 827 855

3 Herr Elbrecht möchte eine Musikanlage kaufen. Die Geräte kosten 445 €. Die Boxen kosten 380 €. Wie viel muss Herr Elbrecht bezahlen?

4 Lisa hat 170 Lieder auf ihrem MP3-Player gespeichert. Auf ihrem Handy hat sie 156 Lieder gespeichert. Wie viele Lieder hat sie insgesamt?

Schriftliche Addition mit Übertrag

Kein Problem mit der Null!

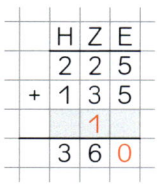  

1 Rechne wie Ole.

a) 214 + 356
379 + 113

b) 535 + 236
415 + 435

c) 748 + 123
127 + 213

d) 635 + 129
232 + 258

🗝 340 490 492 570 660 764 771 850 871

2 Rechne wie Mira.

a) 394 + 113
452 + 394

b) 672 + 145
356 + 251

c) 584 + 325
275 + 152

d) 162 + 143
735 + 182

🗝 242 305 427 507 607 817 846 909 917

3 Schreibe stellengerecht untereinander und rechne.

| 534 | 662 | 712 | 641 | 554 | + | 243 | 136 | 229 | 193 |

4 Berechne die Rechendreiecke. Schreibe die Aufgaben in dein Heft.

a)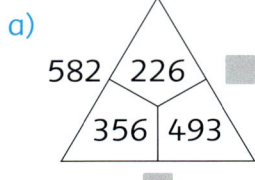
b)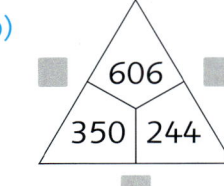
c)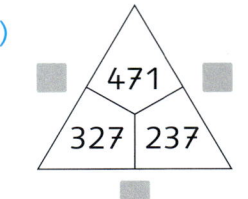
d)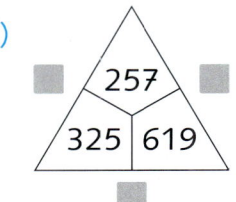

5 Rechne mit einem Partner. Bildet aus den Ziffern Aufgaben und rechnet.
In jeder Aufgabe darf jede Ziffer nur einmal vorkommen.
Wie heißen eure Aufgaben?

| 0 | 1 | 2 | 3 | 4 | 5 | 6 | 7 | 8 | 9 |

a) Wer findet die Aufgabe mit dem größten Ergebnis?

b) Wer findet die Aufgabe mit dem kleinsten Ergebnis?

Das kannst du schon

1 Was fällt dir auf?

a)	b)	c)	d)	e)
55 + 10	99 + 10	77 + 20	66 + 9	34 + 9
155 + 10	199 + 10	177 + 20	166 + 9	134 + 9
955 + 10	799 + 10	477 + 20	566 + 9	334 + 9

2 Erfinde Aufgaben, die genauso gerechnet werden.

3 Setze die Folge fort. Schreibe in dein Heft.

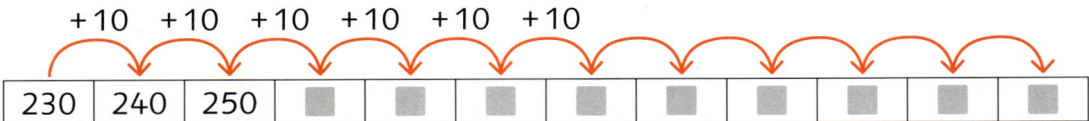

a) 120, 130, 140, …, 220   b) 520, 530, 540, …, 620   c) 820, 830, …, 920

d) 303, 313, 323, …, 413   e) 603, 613, 623, …, 713   f) 103, 113, …, 213

g) 245, 255, 265, …, 355   h) 745, 755, 765, …, 855   i) 445, 455, …, 555

4 Welche Rechnungen passen zu den Aufgaben?

a) Frau Buss muss ihre Katzen versorgen.
   Das Futter kostet 46 € und der extra große Sack Katzenstreu 27 €.

b) Herr Friedemann will in seinem Garten neue Beete anlegen. Für das Blumenbeet kauft er Pflanzen für 139 €. Für das Gemüsebeet kauft er Pflanzen für 185 €.

c) Mira hat 25 € gespart. Nun kauft sie für ihre Oma eine Kerze für 6 €.

d) Lisa und Mona haben beim Martinssingen viele Bonbons bekommen.
   Lisa hat 373 Bonbons und Mona 296 Bonbons.

e) Tim und Lena haben Kastanien für die Tiere im Wald gesammelt.
   Tim hat 373 und Lena 374 Kastanien.

5 Der Kleckskobold war unterwegs. Findest du alle Lösungen?

a) 132 + ✽ = 136   b) 122 + ✽ = 152   c) 116 + ✽ = 123   d) 158 + ✽ = 167
   273 + ✽ = 279   346 + ✽ = 396   453 + ✽ = 465   676 + ✽ = 688
   741 + ✽ = 748   637 + ✽ = 677   972 + ✽ = 999   849 + ✽ = 856

6 ★ Rechnen mit Mammutzahlen. Kannst du das Ergebnis berechnen? Prüfe mit dem Taschenrechner.

a) 2 3 4 7 1 5 7 3
  + 4 6 3 2 6 3 1 4

b) 6 5 7 8 4 5 3 7
  + 2 3 2 1 3 2 5 8

7 Kettenaufgaben. Fasse geschickt zusammen. Rechne und prüfe mit dem Taschenrechner.

a) 25 + 15 + 70   b) 110 + 20 + 40 + 7   c) 120 + 210 + 350 + 160 + 140
   40 + 60 + 90   240 + 30 + 20 + 9   280 + 100 + 260 + 200 + 160
   55 + 10 + 60   330 + 40 + 10 + 8   310 + 110 + 210 + 150 + 180

110
+ 112
─────
TATÜTATA

8 Möglichst 999

Jede Gruppe bekommt einen Würfel mit den Ziffern 0 bis 9. Jeder Spieler würfelt und trägt die Ziffern in seine Additionstabelle ein. Dabei müssen Einer, Zehner und Hunderter bestimmt werden. Ziel ist es, dass die Ziffern so eingetragen werden, dass die Summe der Zahlen möglichst nahe an 999 heranreicht – aber nicht darüber hinaus.

Viel Spaß.

Übung und Wiederholung

1 So ein Wind. Kannst du helfen?
Lisa und Mira haben gerechnet und die Ergebnisse zugeordnet.
Dann hat ein Windstoß alles durcheinandergebracht.

2 Schreibe ins Heft und rechne. Kontrolliere mit dem Taschenrechner.

a) 492 + 275 b) 581 + 273 c) 297 + 392 d) 751 + 154 e) 462 + 284

556 + 372   378 + 461   573 + 185   356 + 251   794 + 143

608 + 214   406 + 305   628 + 220   507 + 300   372 + 409

3 Schreibe stellengerecht untereinander und rechne.

a) 287 + 82   b) 372 + 85   c) 586 + 62   d) 898 + 51   e) 561 + 96
   494 + 63   450 + 76   675 + 72   788 + 90   463 + 96
   507 + 99   773 + 84   306 + 84   865 + 71   702 + 18

🔑 269 369 390 457 526 557 559 606 648 657 720 747 857 878 936 949

Aufgaben für Profis

1 Wann kannst du rechnen? Wann nicht?

a) Mira und Anna sind Freundinnen. Mira sammelt Sticker und hat schon 309 Stück. Anna schenkt ihr 15 Pferdesticker aus einem Magazin.

b) Ömer hat in zwei Wochen Geburtstag.
Ole hat gespart und kauft ihm ein Auto-Quartett für 3 €.

c) Am Montag haben Lisa und Lena 12 € für das Tierheim gesammelt.
Am Freitag haben sie noch einmal 19 € gesammelt.

d) Oma liest gerne Krimis. Ihr neues Buch hat 436 Seiten.
Gerade liest sie auf Seite 120.

e) Fatima hat einen Vater, der 39 Jahre alt ist.
Die Lehrerin ist dreimal so alt wie Fatima.

f) Unser Hund Elsie hat im Garten schon 28 Knochen vergraben.
Unsere Katze Mucki frisst in der Woche 4 Mäuse.

g) Zusammen haben Tim und Murat 678 Murmeln.
Tim gehören 298 Murmeln.

h) Dennis kauft im Einkaufszentrum für seine Stereoanlage
vier große Batterien für 9 € und noch zwei neue Musik-CDs für je 12 €.

2 Wie heißen die Aufgaben im Rechendreieck? Rechne im Heft.

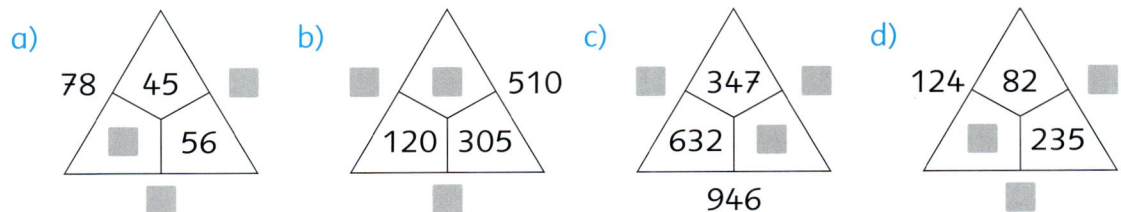

3 Ole und Tim vergleichen die Hausaufgaben. Nicht alles ist richtig.
Findest du Fehler? Kannst du sie erklären?

	3 4 7		5 6 7		7 6 0		6 0 9		4 2 8		1 4 9		3 3 3
+	2 5	+	4 0 9	+	1 8 9	+	2 9	+	3 6 7	+	2 9 1	+	2 9 2
	1		1		1				1 1		1		1
	3 8 2		9 7 6		8 4 9		8 9 9		4 6 5		4 3 9		5 2 5

WINKEL

Winkel

Zwei Geraden laufen aufeinander zu.

Strommasten

 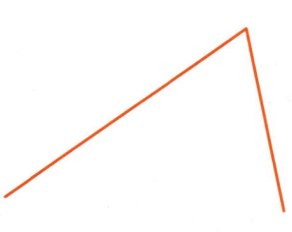

Fahrzeugkran und Seil

Türangel   Schranke und Straße

> Winkel entstehen, wenn zwei Geraden aufeinandertreffen.

1 Nimm einen Zollstock und bilde die verschiedenen Winkel nach der Vorlage.

a) 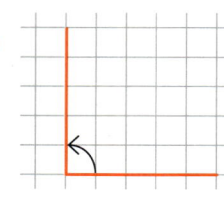   b)   c) 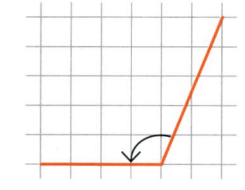   d)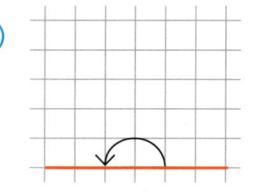

spitzer Winkel   rechter Winkel   stumpfer Winkel   gestreckter Winkel

e) Überlege, wie die Winkel zu ihrem Namen kommen.

2 Finde an Gegenständen Geraden, die aufeinander treffen.
Welchen Winkel bilden sie? Fertige Listen an.

spitzer Winkel
Keil

rechter Winkel
Fenster

stumpfer Winkel
Stoppschild

Projekt „Seilfiguren"

1 Dies ist ein Experiment für 3 oder 4 Partner.

Nehmt ein Seil
und knotet es zusammen.
Es entsteht eine Schlaufe.

Jetzt beginnt das Experiment.

a) Bildet aus der Schlaufe
verschiedene Dreiecke.

b) Beobachtet, wie sich
die Dreiecke verändern.

c) Probiert aus:
Alle Winkel werden gleich groß.
Es gibt nur spitze Winkel. Es gibt einen stumpfen oder einen rechten Winkel.

2 Wiederholt euer Experiment mit einem Geobrett und Gummis.
Jetzt kann jeder eigene Dreiecke konstruieren. Beschreibt sie einem Partner.
Welche Winkel sind entstanden?

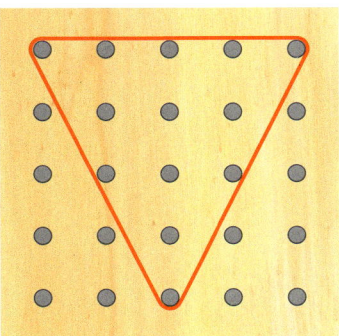
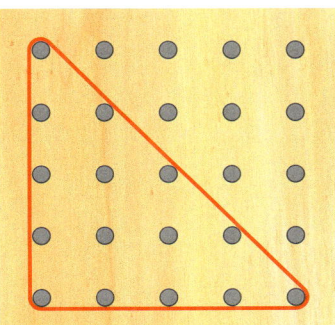
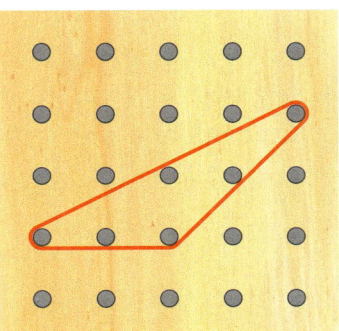

Rechte Winkel bestimmen

Mit deinem Geodreieck kannst du rechte Winkel überprüfen.

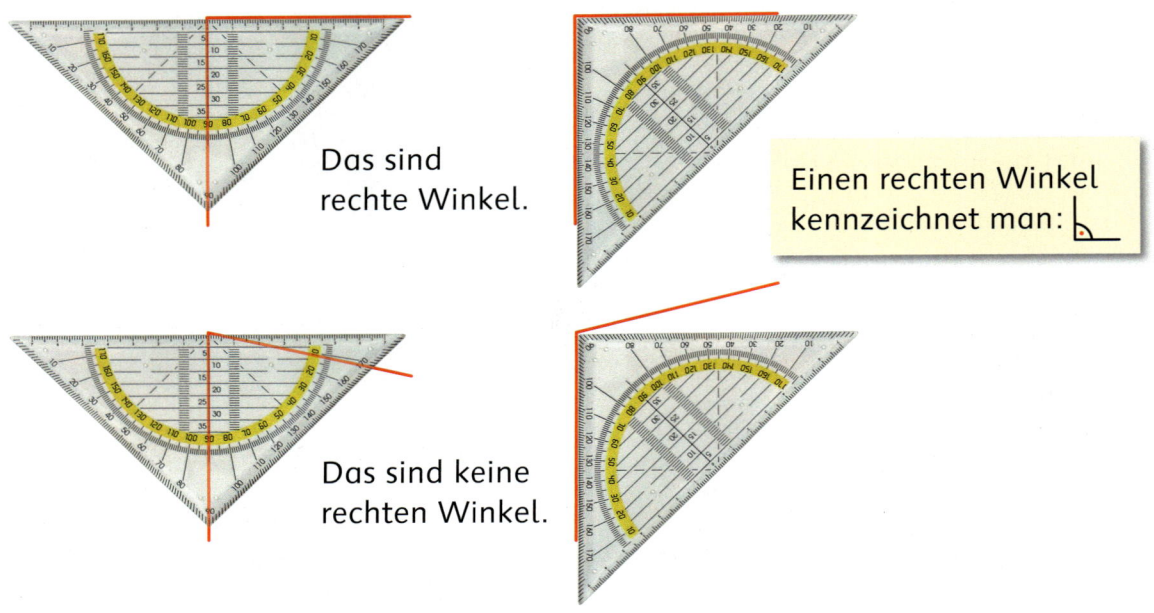

Einen rechten Winkel kennzeichnet man:

1 Überprüfe die Winkel in den Zeichnungen mit deinem Geodreieck.

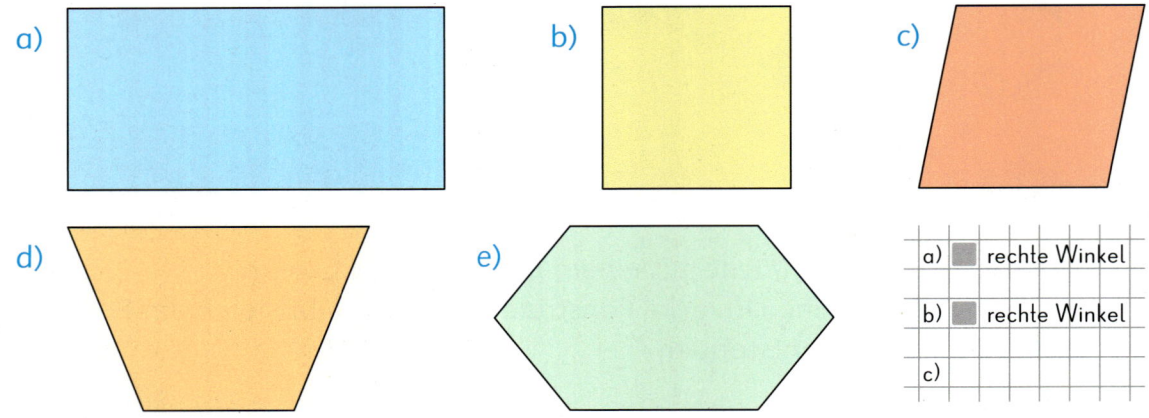

2 Zeichne die Figuren genau ab. Nutze die Rechenkästchen in deinem Heft. Kennzeichne die rechten Winkel. Überprüfe sie mit dem Geodreieck.

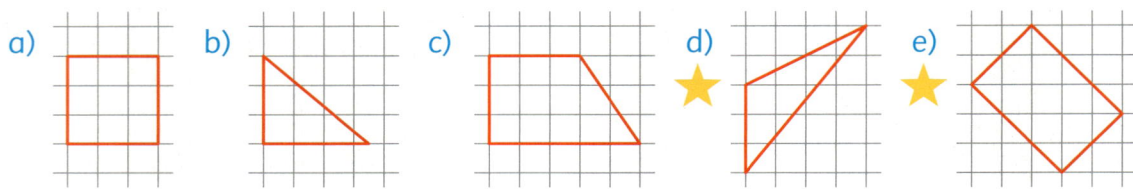

3 Arbeitet gemeinsam.

a) Ein Partner bildet ein Dreieck, der andere prüft mit dem Geodreieck, ob er einen rechten Winkel findet.

b) Bildet verschiedene Vierecke, die genau 2 rechte Winkel haben. Überprüft die Winkel mit dem Geodreieck.

c) Zeigt eure Winkel in der Klasse. Besprecht die Ergebnisse.

> Zwei Geraden, die senkrecht aufeinandertreffen, bilden einen rechten Winkel.

4 Suche rechte Winkel.

a)

b)

c)

d)

SYMMETRIE

Achsensymmetrie

1. Alte Türen sind schön verziert.
   Schau dir den Beschlag genau an.
   Die Spiegelachse ist eingezeichnet.

2. Das rechte Bild zeigt die ganze Tür.
   Auch sie ist symmetrisch.
   Benutze einen Spiegel.

3. Achsensymmetrische Figuren haben eine Spiegelachse.
   Du kannst sie entdecken. Stelle einen Spiegel auf die rote Linie.
   Das Spiegelbild zeigt den verdeckten Ausschnitt. Probiere aus.

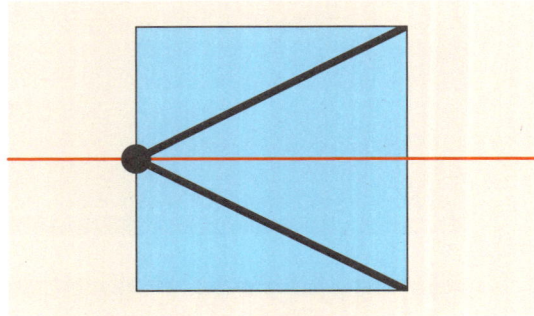

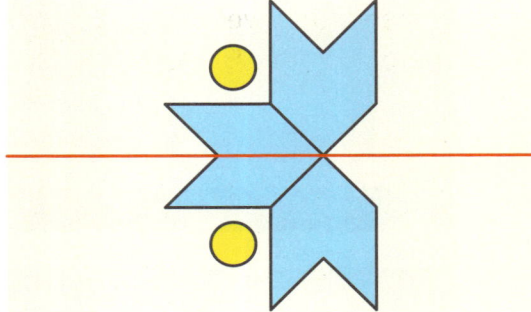

4. Zeichne ein Rechteck. Es soll 3 cm breit und 6 cm hoch sein.
   a) Halte einen Spiegel an die rechte Seite. Welche Form siehst du?
   b) Halte den Spiegel nun an den oberen Rand des Rechtecks.
      Was stellst du fest?

5 Diese Figuren haben mehrere Spiegelachsen. Wie viele entdeckst du? Probiere aus.

a) 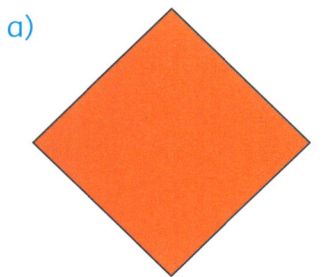 b) 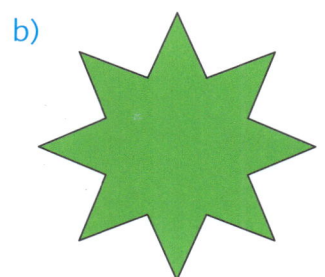 c)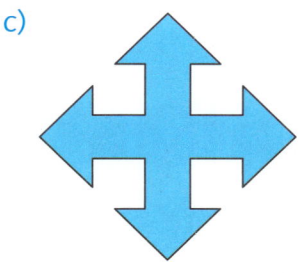

6 Prüfe mit einem Spiegel.

A B E G H K
N M O P S Z

a) Welche Buchstaben haben eine Spiegelachse?

b) Bei welchen Buchstaben liegt die Spiegelachse waagerecht?

c) Welche Buchstaben haben mehr als eine Spiegelachse?

7 Links siehst du zwei Bilder. Welches der rechten Bilder ist das Spiegelbild? Probiere mit dem Spiegel.

a)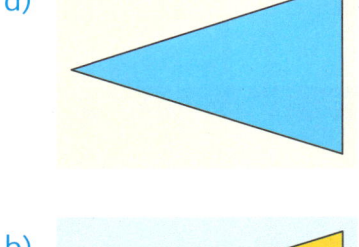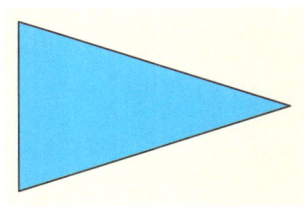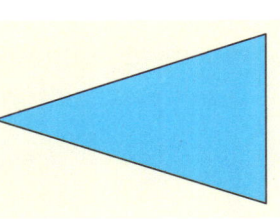

b)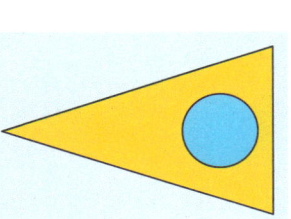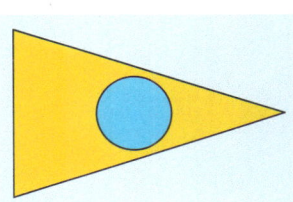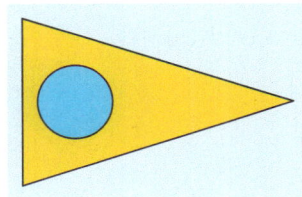

Spiegelachsen

1 Entdecke in den Mustern Spiegelachsen.

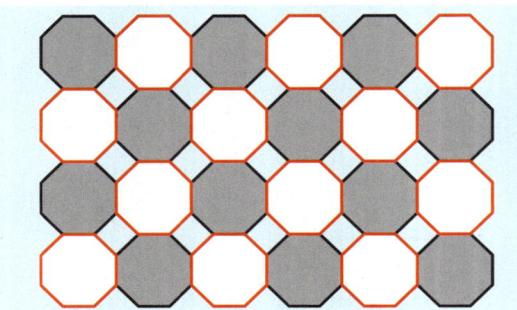 

2 Zeichne die Muster nach. Du kannst dazu eine Schablone herstellen.
   a) Zeichne Spiegelachsen ein.
   b) Gestalte deine Zeichnung farbig. Achte dabei auf die Symmetrie.

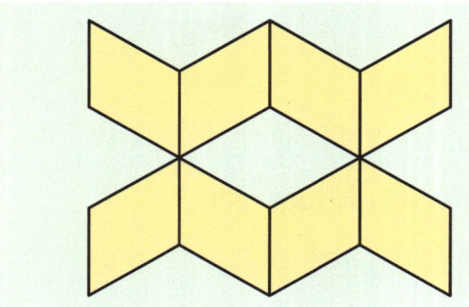 

3 Symmetrische Figuren könnt ihr auch mit Gesten oder eurem Körper darstellen. Dazu setzt ihr euch gegenüber. Einer beginnt mit einer Bewegung. Der andere macht jede Bewegung nach, so als ob er das Spiegelbild wäre.
Dann wechselt ihr den „Vorspieler".

Achsensymmetrische Figuren zeichnen

1 Zeichne Figuren und schneide sie aus.

a) ein Quadrat b) ein Rechteck c) ein Kreis

d) ein Dreieck, das genauso groß ist wie dein Geodreieck

Kannst du die Figuren so falten, dass ihre Teile genau aufeinanderliegen?

2 Zeichne diese Figuren und schneide sie aus. Falte auch diese Figuren. Liegen gleiche Teile aufeinander?

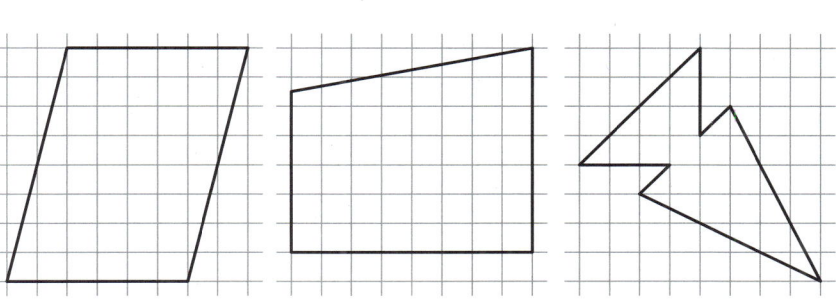

> Figuren sind achsensymmetrisch, wenn sie mindestens eine Spiegelachse haben.

3 Scherenschnitte

a) Falte ein Blatt Papier genau in der Mitte. Zeichne die Figur. Schneide die Figur aus und falte das Papier auseinander.

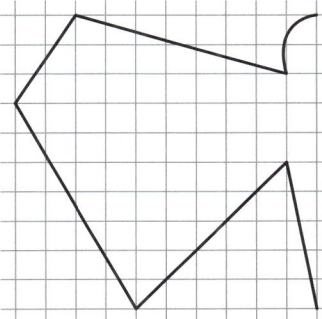 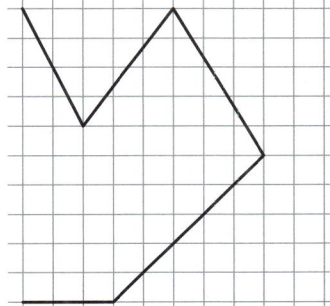

b) Denke dir weitere Figuren aus.

4 Baue ein Papierflugzeug. Je gleichmäßiger du beide Seiten faltest, desto besser fliegt es. Die gestrichelten Linien sind Faltachsen.

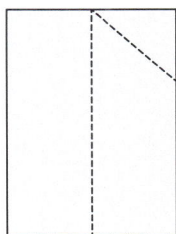 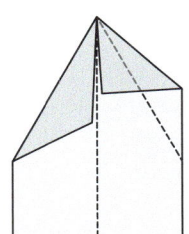 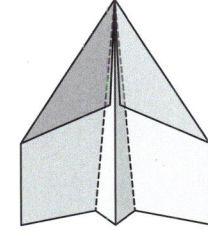

SUBTRAKTION 1

Geschicktes Rechnen – Subtraktion im Kopf

1 Erzähle.

2 Lege nach und schreibe die Aufgaben in dein Heft.

  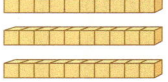 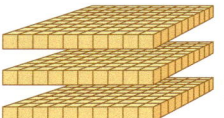

6 – 2   60 – 20   600 – 200

a)   7 –   4   b)   8 –   3   c)   5 –   1   d)   9 –   5
    70 – 40   80 – 30   50 – 10   90 – 50
   700 – 400   800 – 300   500 – 100   900 – 500

3 Finde Minusaufgaben mit dem gleichen Ergebnis.

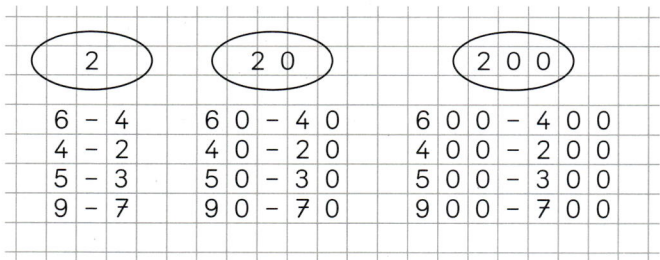

a) 5   50   500
b) 1   10   100
c) 7   70   700
d) 3   30   300
e) 4   40   400

4 Legt nach und schreibt die Aufgaben in eure Hefte.

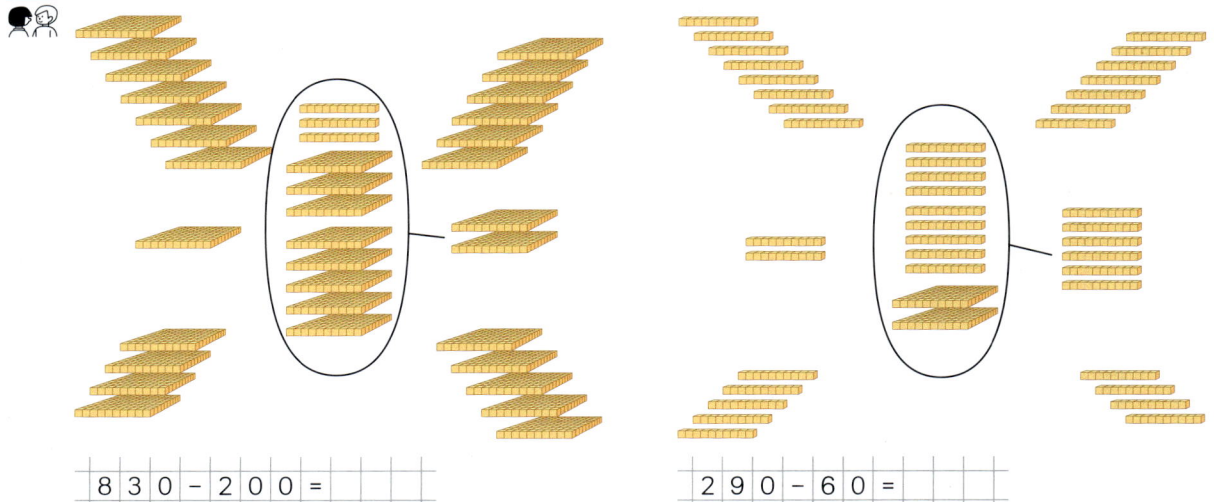

8 3 0 − 2 0 0 =   2 9 0 − 6 0 =

5 Schreibe die Aufgaben in dein Heft und subtrahiere.

a) 780 270 390 450 560 650 890 − 20 30 40 50

b) 520 660 890 910 730 480 940 − 100 200 300 400

c) 820 990 860 880 950 910 870 − 500 600 700 800

6 Rechne im Heft.

a) 770 − 200   b) 190 − 60   c) 770 − 700   d) 190 − 10   e) 350 − 150
   920 − 100   260 − 20   540 − 40   360 − 200   630 − 120
   670 − 400   370 − 50   310 − 300   740 − 30   480 − 280
   630 − 300   950 − 40   160 − 60   510 − 400   770 − 370

7 Schreibe die Aufgaben in dein Heft und rechne.

4 8 0 − ☐ = 3 8 0

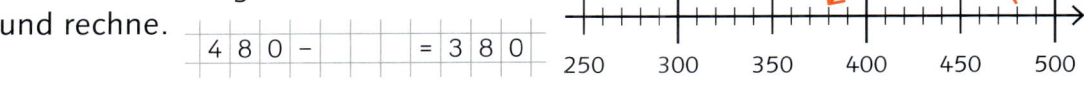

a) 460 − ☐ = 440   b) 460 − ☐ = 360

c) 460 − ☐ = 340   d) 460 − ☐ = 300

e) 840 − ☐ = 820   f) 840 − ☐ = 740

g) 840 − ☐ = 720   h) 840 − ☐ = 700

Halbschriftliche Subtraktion ohne Überschreitung

Ole hat auf seinem Sparbuch 360 € angespart.
Er möchte sich ein Paar Rollschuhe für 140 € kaufen.

Ole schreibt:

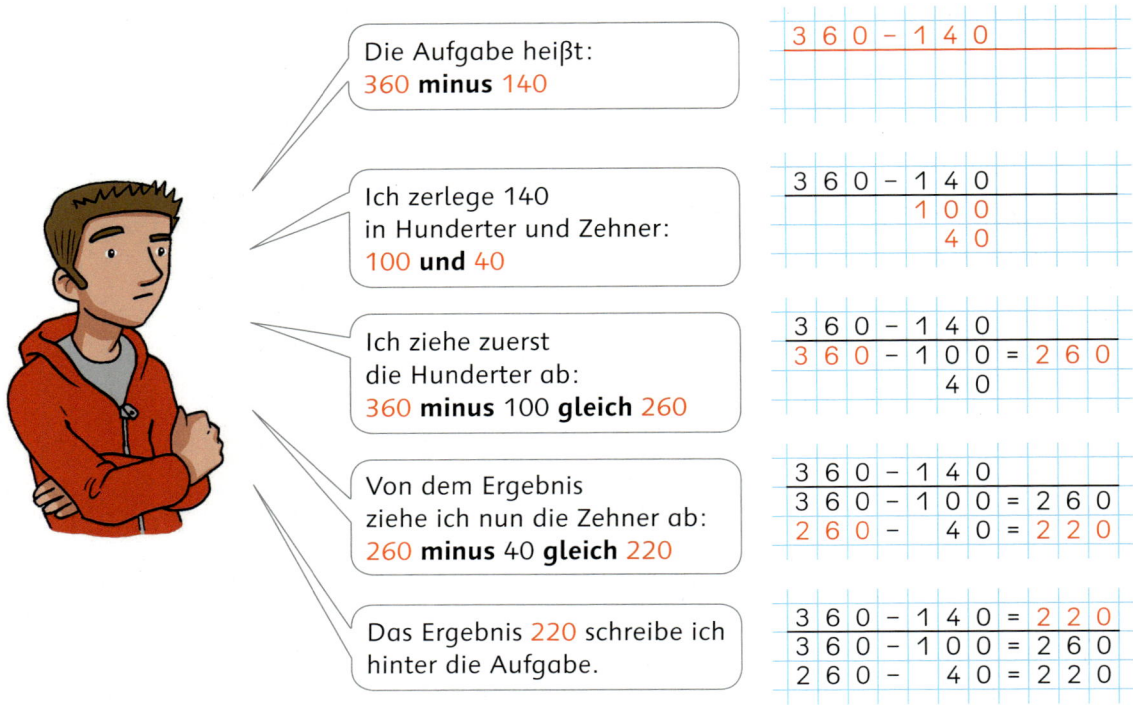

Die Aufgabe heißt:
360 **minus** 140

Ich zerlege 140
in Hunderter und Zehner:
100 **und** 40

Ich ziehe zuerst
die Hunderter ab:
360 **minus** 100 **gleich** 260

Von dem Ergebnis
ziehe ich nun die Zehner ab:
260 **minus** 40 **gleich** 220

Das Ergebnis 220 schreibe ich
hinter die Aufgabe.

Ole hat noch 220 € übrig.

1 Lege mit Rechengeld und rechne wie Ole.

a) 480 – 250   b) 930 – 420   c) 960 – 230   d) 370 – 260   e) 740 – 110
   730 – 310   390 – 240   690 – 370   560 – 110   970 – 250

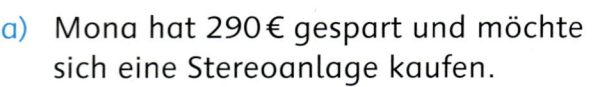 110 150 230 260 320 420 450 510 630 720 730

2 Ein paar Kinder aus Oles Klasse haben auch viel Geld gespart.
Wie viel Geld haben sie übrig? Rechne wie Ole im Heft.

a) Mona hat 290 € gespart und möchte
   sich eine Stereoanlage kaufen.

b) Dennis hat 360 € gespart und
   möchte sich ein Aquarium kaufen.

c) Ina hat zusammen mit ihrem Bruder 280 € gespart.
   Sie wollen sich ein Mikroskop kaufen.

Subtraktion über den Hunderter

1 Schreibe die Aufgaben in dein Heft und rechne. Benutze den Zahlenstrahl.

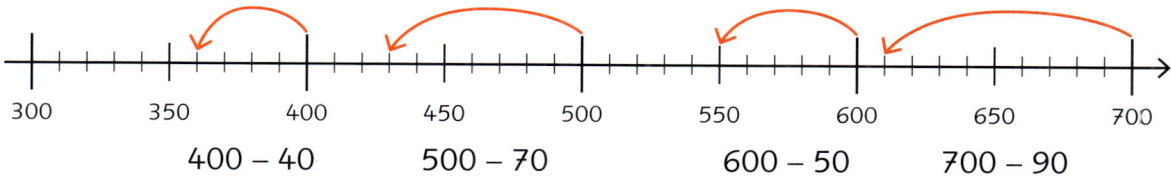

400 − 40   500 − 70   600 − 50   700 − 90

a) 600 − 20   b) 400 − 30   c) 700 − 10   d) 500 − 40   e) 400 − 80
   600 − 90   400 − 60   700 − 70   600 − 40   500 − 80
   600 − 40   400 − 70   700 − 80   400 − 40   600 − 80

2 Rechne im Kopf und dann im Heft.

a) 600 − ■ = 540   b) 400 − ■ = 380   c) 400 − ■ = 370   d) 100 − ■ = 70
   700 − ■ = 620   500 − ■ = 450   200 − ■ = 130   400 − ■ = 30
   300 − ■ = 290   600 − ■ = 570   700 − ■ = 660   1 000 − ■ = 90

3 Der Sprung über den Hunderter. Rechne 360 − 80 = ■. Arbeite mit dem Material.

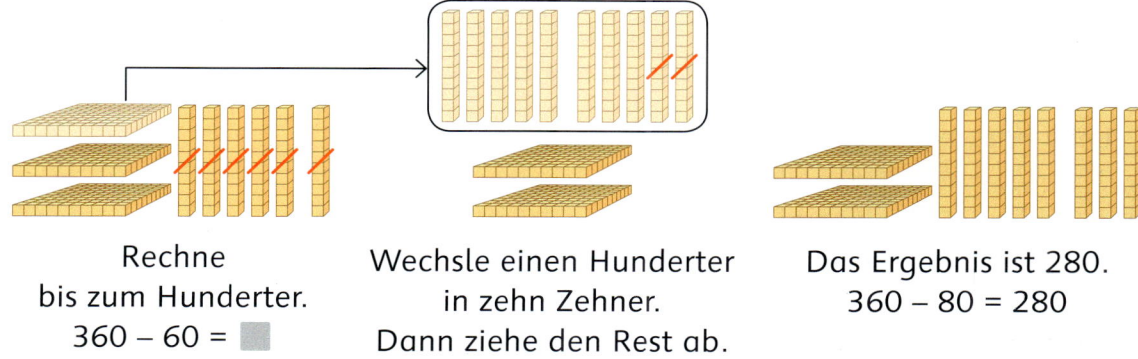

Rechne bis zum Hunderter.
360 − 60 = ■

Wechsle einen Hunderter in zehn Zehner.
Dann ziehe den Rest ab.
300 − 20 = ■

Das Ergebnis ist 280.
360 − 80 = 280

4 Lege die Aufgaben mit dem Material. Zerlege und rechne.

a) 320 − 60   b) 540 − 70   c) 610 − 50   d) 850 − 60
   320 − 20 − 40   540 − 40 − 30   610 − 10 − 40   850 − 50 − 10

5 Zerlege und rechne.

a) 320 − 30   b) 540 − 90   c) 610 − 70   d) 850 − 90
   320 − 20 − ■   540 − 40 − ■   610 − 10 − ■   850 − 50 − ■

Halbschriftliche Subtraktion mit Überschreitung

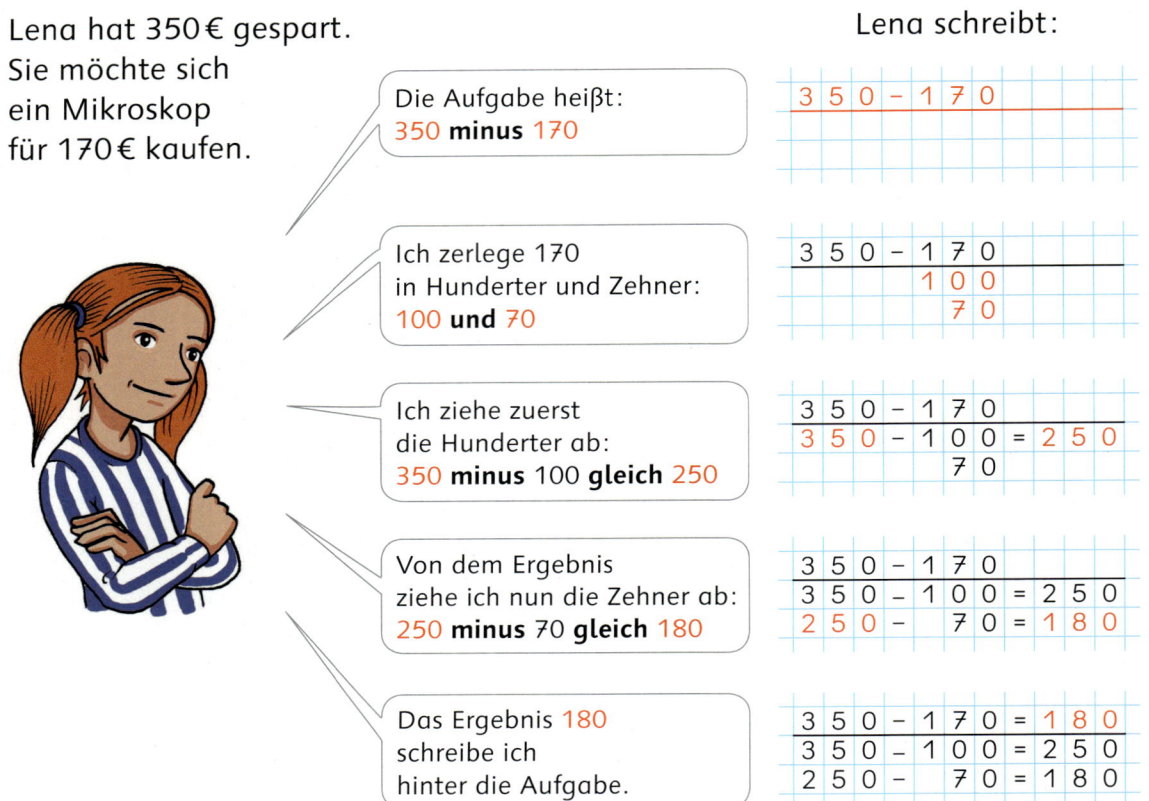

Lena hat 350 € gespart. Sie möchte sich ein Mikroskop für 170 € kaufen.

Die Aufgabe heißt: 350 **minus** 170

Ich zerlege 170 in Hunderter und Zehner: 100 **und** 70

Ich ziehe zuerst die Hunderter ab: 350 **minus** 100 **gleich** 250

Von dem Ergebnis ziehe ich nun die Zehner ab: 250 **minus** 70 **gleich** 180

Das Ergebnis 180 schreibe ich hinter die Aufgabe.

Lena hat noch 180 € übrig.

1 Lisa hat 230 € gespart. Sie möchte sich eine Stereoanlage für 160 € kaufen. Wie viel Geld hat Lisa übrig? Schreibe ins Heft und rechne wie Lena.

2 Rechne im Heft.

a) 460 – 170
840 – 360

b) 680 – 390
420 – 150

c) 730 – 480
560 – 290

d) 440 – 260
960 – 480

e) 520 – 150
350 – 270

3 Herr Elbrecht möchte seinen Gehweg pflastern. Auf einer Palette werden ihm 620 Pflastersteine geliefert. Für seinen Gehweg braucht er 480 Steine. Wie viele Steine hat er übrig?

4 Frau Buss fährt im Urlaub an die Nordsee und bezahlt für eine Woche im Hotel 420 €. Frau Kassen fährt auch an die Nordsee. Sie bezahlt für eine Woche nur 290 €. Wie viel Geld hat Frau Kassen weniger bezahlt?

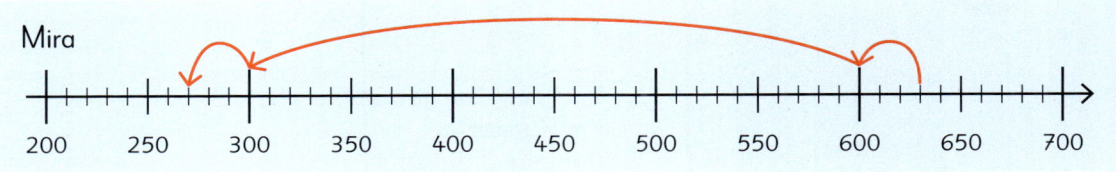

Dennis	Tim	Mona
630 − 400 = 230	630 − 360 = 270	630 − 360 = 270
230 + 40 = 270	630 − 300 = 330	630 − 60 = 570
	330 − 60 = 270	570 − 300 = 270

5 Welchen Rechenweg findest du am besten?
Stelle ihn deiner Klasse vor.

6 Probiere verschiedene Rechenwege aus.

a) 720 − 190   b) 340 − 180   c) 350 − 170   d) 760 − 280   e) 650 − 190
   410 − 270   560 − 280   610 − 380   530 − 170   840 − 280

🔑 140 160 180 230 280 340 360 460 480 530 560

7 Wie rechnest du?

a) 550 − 290   b) 630 − 170   c) 930 − 450   d) 830 − 670   e) 410 − 280
   440 − 150   310 − 190   650 − 380   520 − 270   720 − 370

🔑 120 130 160 250 260 270 290 320 350 460 480

Schriftliche Subtraktion ohne Übertrag

Oles Mutter hat viel Arbeit im Büro.
Ole möchte ihr helfen.
Er rechnet.

Ole schreibt:

Die Aufgabe heißt:
567 **minus** 254

H	Z	E
5	6	7
-2	5	4

Zuerst subtrahiere ich die **Einer**:
7 **minus** 4 **gleich** 3

H	Z	E
5	6	7
-2	5	4
		3

Dann subtrahiere ich die **Zehner**:
6 **minus** 5 **gleich** 1

H	Z	E
5	6	7
-2	5	4
	1	3

Zum Schluss subtrahiere ich noch die **Hunderter**:
5 **minus** 2 **gleich** 3

H	Z	E
5	6	7
-2	5	4
3	1	3

Das Ergebnis ist 313.

1 Jetzt hat Ole Spaß am Rechnen und löst noch eine Aufgabe: 345 – 132.
Rechne schriftlich und überprüfe mit dem Material.

Von 345 musst du
132 wegnehmen:

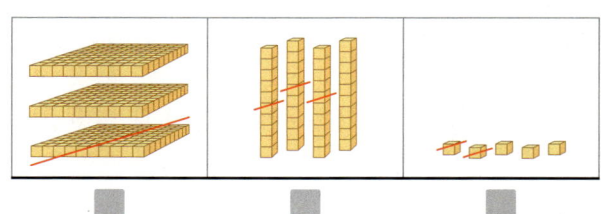

2 Subtrahiere wie Ole und prüfe mit dem Material.

a) 874 − 423 b) 569 − 437 c) 987 − 761 d) 746 − 523 e) 685 − 251

3 Rechne schriftlich im Heft.

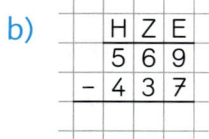 −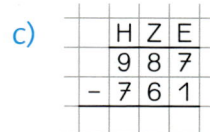

Ergänzungsverfahren als Alternative S. 144

Rund ums Kino

Montag	Dienstag	Mittwoch	Donnerstag	Freitag	Samstag	Sonntag
						11:00 Uhr
						Schneewittchen
15:00 Uhr		15:00 Uhr		15:00 Uhr		273 Gäste
Die Erde	17:00 Uhr	*Die Erde*	17:00 Uhr	*Die Erde*	17:00 Uhr	
121 Gäste	*Pongo-Pinguin*	114 Gäste	*Pongo-Pinguin*	253 Gäste	*Pongo-Pinguin*	
	152 Gäste		133 Gäste		264 Gäste	18:00 Uhr
20:00 Uhr		20:00 Uhr		20:00 Uhr		*Benny & Anne*
Benny & Anne	20:30 Uhr	*Benny & Anne*	20:30 Uhr	*Der Cop*	20:30 Uhr	271 Gäste
243 Gäste	*Benny & Anne*	261 Gäste	*Der Cop*	364 Gäste	*Der Cop*	
	274 Gäste		385 Gäste		382 Gäste	

1 Im großen Saal 3 des Kinos laufen täglich zwei Filme. Der Saal hat 385 Plätze.

  a) Wie viele Plätze bleiben am Montag um 15:00 Uhr frei?

  b) Wie viele Plätze bleiben am Montag um 20:00 Uhr frei?

  c) Wie viele Plätze bleiben jeweils bei den anderen Vorstellungen frei?

Montag: 15:00

H	Z	E
3	8	5
−1	2	1

2 Am Donnerstag läuft der neue Film „Der Cop" im großen Saal 3 an. Es sind 497 Leute zur Premiere gekommen. Wie viele Leute bekommen keinen Platz?

3 In dem kleinen Saal 1 ist Platz für 254 Leute. Am Sonntag um 20:00 Uhr kommen nur 133 Leute, um den Film zu sehen. Wie viele Plätze bleiben frei?

4 475 Kinokarten können in einem Block gedruckt werden.

  ★ a) Wie viele Karten bleiben am Montag übrig? Wie kannst du rechnen?

  b) An welchen Tagen reicht ein Block nicht für die zweite Vorstellung? Rechne und erkläre.

5 Rechentraining. Rechne im Heft und kontrolliere mit dem Taschenrechner.

a) 894 − | 712 | 351 | 261 | 682 | 423

b) 789 − | 435 | 254 | 627 | 376 | 518

c) 846 − | 214 | 425 | 631 | 313 | 521

Schriftliche Subtraktion mit Übertrag bei den Einern

1 Die Klasse 5b hat 263 € in der Klassenkasse. Anna schlägt einen Ausflug in den Klettergarten vor. Das kostet für alle zusammen 129 €. Sie rechnet an der Tafel vor, dass genug Geld für Essen und Getränke übrig bleibt.

Anna schreibt:

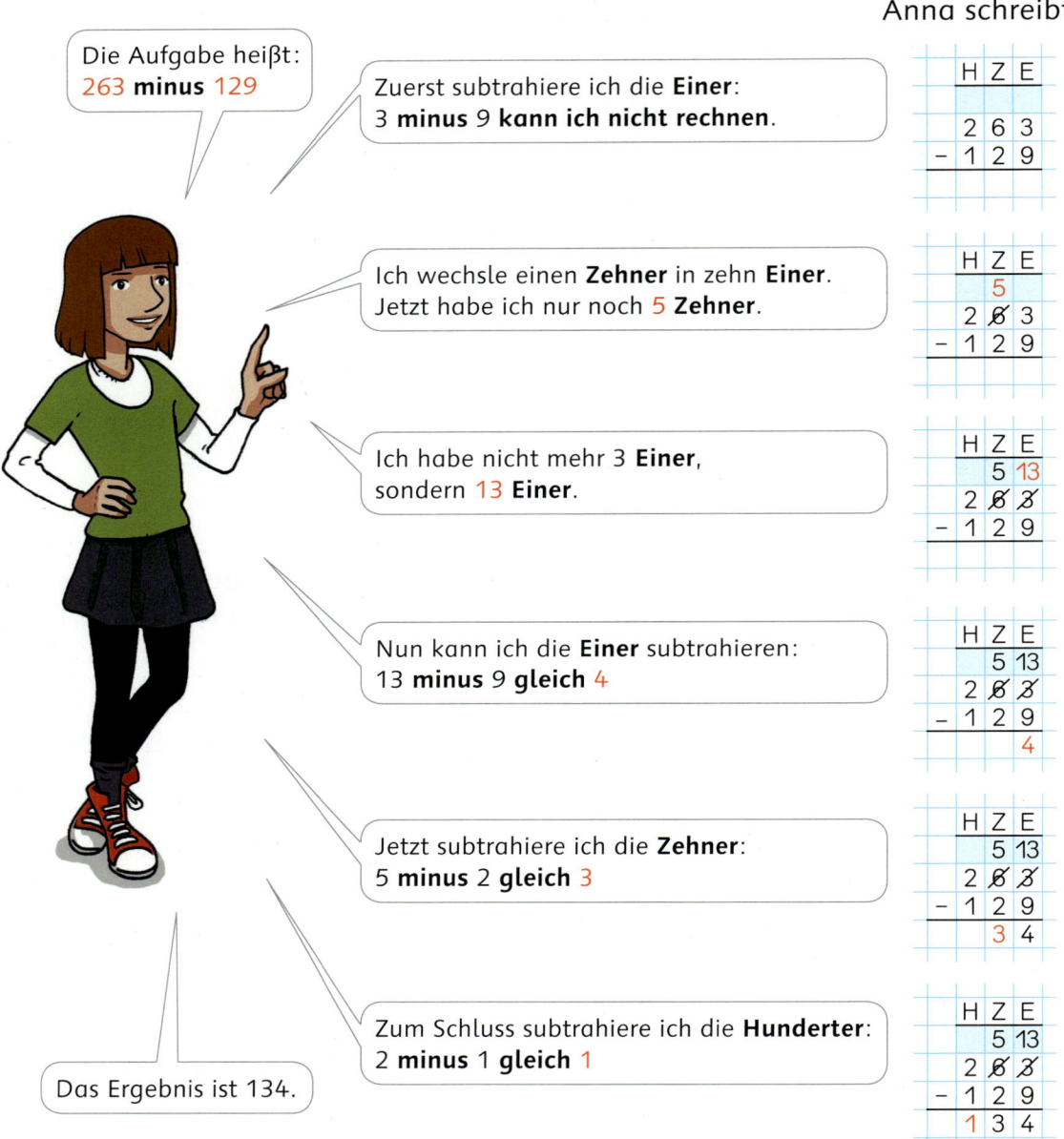

Die Aufgabe heißt: 263 minus 129

Zuerst subtrahiere ich die **Einer**: 3 **minus** 9 **kann ich nicht rechnen**.

Ich wechsle einen **Zehner** in zehn **Einer**. Jetzt habe ich nur noch 5 **Zehner**.

Ich habe nicht mehr 3 **Einer**, sondern 13 **Einer**.

Nun kann ich die **Einer** subtrahieren: 13 **minus** 9 **gleich** 4

Jetzt subtrahiere ich die **Zehner**: 5 **minus** 2 **gleich** 3

Zum Schluss subtrahiere ich die **Hunderter**: 2 **minus** 1 **gleich** 1

Das Ergebnis ist 134.

a) Wie hat Anna gerechnet?
b) Was ist beim Aufschreiben wichtig?
c) Wie viel Geld hat die Klasse für Essen und Trinken übrig?

Ergänzungsverfahren als Alternative S. 144

2 Tim und Lena überprüfen die Rechnung mit Rechengeld und legen die Aufgabe nach. Damit sie rechnen können, müssen sie einen 10-Euro-Schein in zehn 1-Euro-Stücke tauschen.

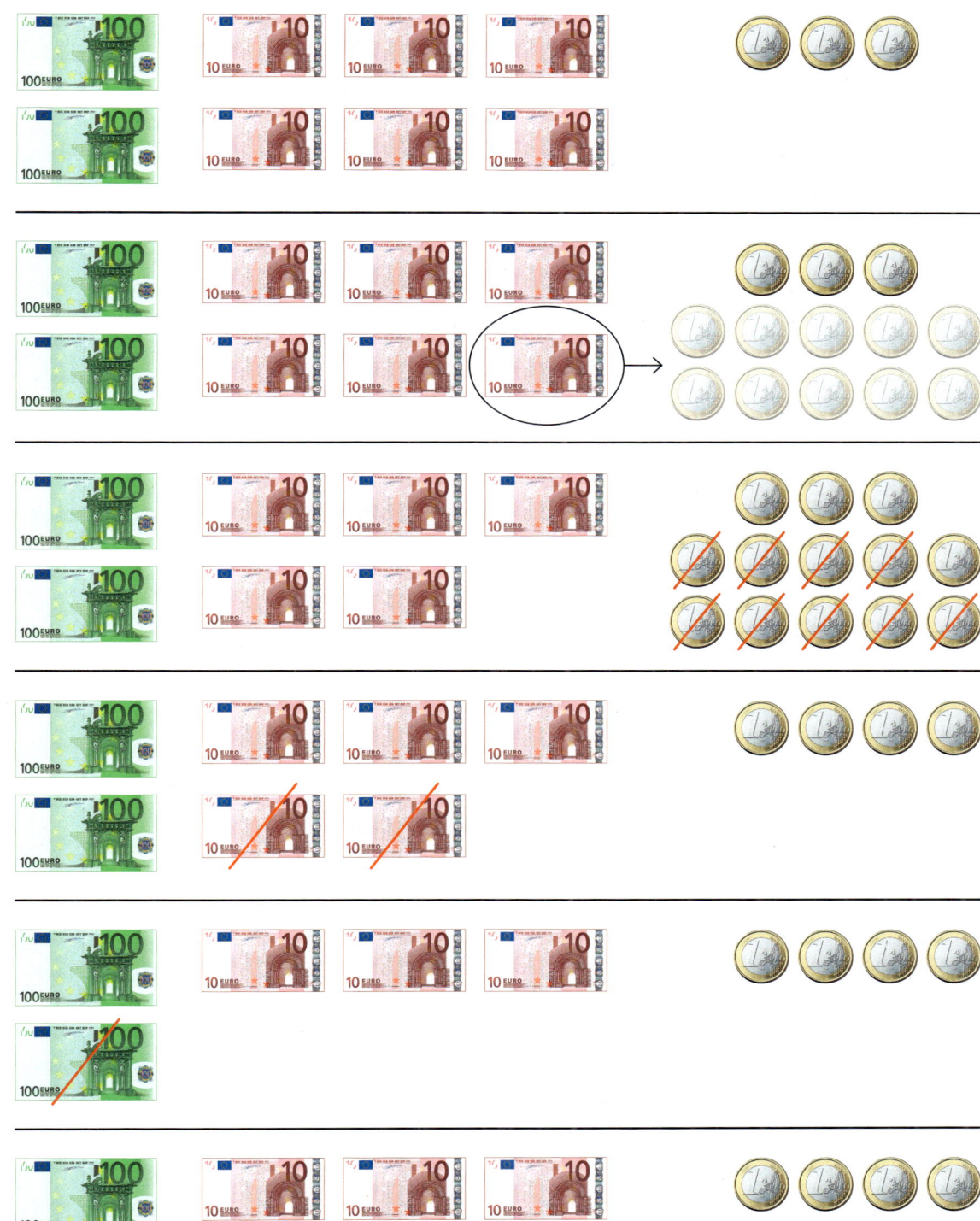

3 Rechne wie Anna und überprüfe wie Tim und Lena.

a) H Z E 474 − 239
b) H Z E 781 − 546
c) H Z E 357 − 129
d) H Z E 893 − 576

e) H Z E 785 − 258
f) H Z E 642 − 426
g) H Z E 481 − 135
h) H Z E 964 − 527

i) H Z E 571 − 249
k) H Z E 757 − 238
l) H Z E 356 − 137
m) H Z E 663 − 425

4 Kannst du schon so rechnen wie Anna? Schreibe die Aufgaben stellengerecht in dein Heft und rechne. Achte auf die neue Rechenzeile.

a) 964 − 339
   743 − 215
b) 582 − 157
   873 − 548
c) 761 − 429
   674 − 238
d) 375 − 148
   582 − 217
e) 674 − 327
   895 − 636

⚬→ 227 247 259 325 332 347 365 425 436 528 625

5 Rechne schriftlich im Heft.

774 863 981 692 784 − 328 417 249

6 Rechentraining. Rechne im Heft und kontrolliere mit dem Taschenrechner.

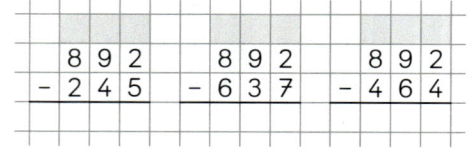

a) 892 − 245 637 464 353 578
b) 764 − 415 348 527 439 128
c) 973 − 654 428 316 739 547
d) 681 − 443 357 264 536 229
e) 591 − 169 252 376 238 145

7 In der Winterbach-Schule sollen neue Unterrichtsmittel angeschafft werden.

a) Es können noch 573 € für Sportsachen ausgegeben werden.
Die Schüler wünschen sich zwei neue Tore zum Fußballspielen für 429 €.
Wie viel Geld bleibt für Bälle und Seile übrig?

b) Im Werkraum fehlt noch eine Bandsäge. Eine neue kostet 465 € und die Schule hat noch 691 € für neue Werkzeuge. Wie viel Geld bleibt übrig?

c) Der Musiklehrer Herr Reiß wünscht sich eine neue Gitarre für den Chor.
Für Musikinstrumente hat die Schule noch 473 €. Die Gitarre kostet 235 €.
Wie viel Geld bleibt noch für andere Instrumente übrig?

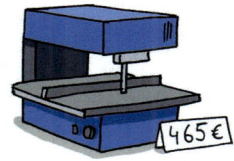

8 Die Birken-Schule hatte für ihr großes Sommerfest 365 € eingeplant.
Weil es viele Spenden gab, wurden nur 239 € ausgegeben.
Wie viel Geld hat die Schule nun für das nächste Fest übrig?

9 In der Turnhalle der Birken-Schule gibt es 129 verschiedene Bälle. Zum Spieler auf dem Schulhof haben die Kinder 12 Springseile und 8 Federballspiele.
Wie viel Spaß haben die Kinder in der Pause?

10 Rechne im Heft.

a)	b)	c)	d)	e)
782 – 346	593 – 227	681 – 436	343 – 129	964 – 735
663 – 346	482 – 227	954 – 436	564 – 129	891 – 735
473 – 147	795 – 536	854 – 627	682 – 347	564 – 238
662 – 147	851 – 536	985 – 627	595 – 347	876 – 238

11 Rechne im Heft und finde das Lösungswort.

462 – 237   634 – 317   571 – 139   753 – 526   942 – 615   863 – 438

E	E	S	P	P	U	U	R	R	!
233	227	225	323	432	317	448	327	333	425

Schriftliche Subtraktion mit Übertrag bei den Zehnern

1 Beim Schulfest werden für die Gäste 325 Waffeln gebacken.
Es werden jedoch nur 193 Waffeln gegessen.
Wie viele Waffeln bleiben für die Schüler übrig? Paul rechnet:

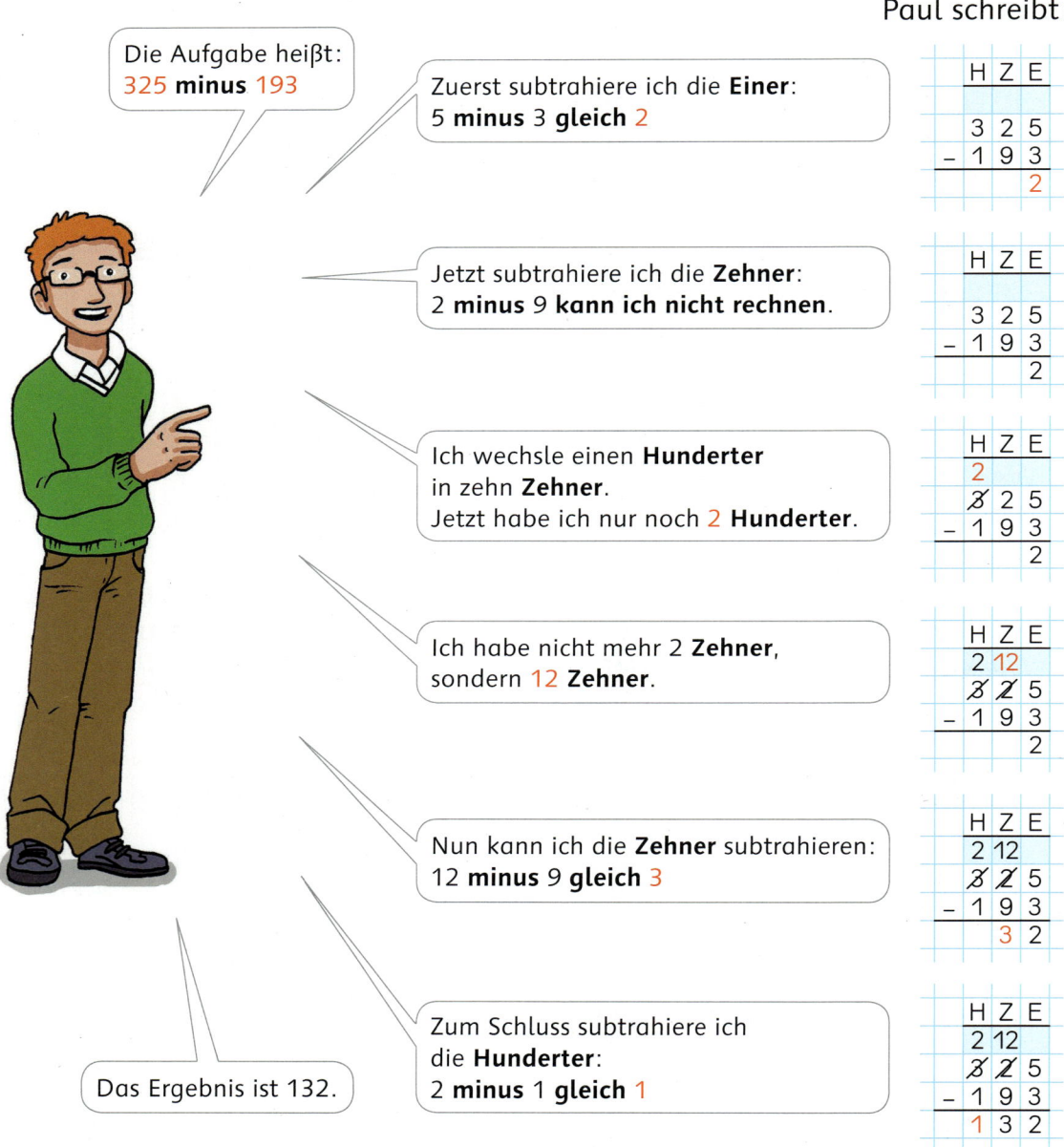

Die Aufgabe heißt: 325 minus 193

Zuerst subtrahiere ich die **Einer**:
5 **minus** 3 **gleich** 2

Jetzt subtrahiere ich die **Zehner**:
2 **minus** 9 **kann ich nicht rechnen**.

Ich wechsle einen **Hunderter** in zehn **Zehner**.
Jetzt habe ich nur noch 2 **Hunderter**.

Ich habe nicht mehr 2 **Zehner**, sondern 12 **Zehner**.

Nun kann ich die **Zehner** subtrahieren:
12 **minus** 9 **gleich** 3

Zum Schluss subtrahiere ich die **Hunderter**:
2 **minus** 1 **gleich** 1

Das Ergebnis ist 132.

a) Legt die Aufgabe mit Rechengeld nach und kontrolliert.

b) Was müsst ihr hier wechseln?

c) Was ist hier beim Aufschreiben wichtig?

Ergänzungsverfahren als Alternative siehe S. 144

2 Rechne wie Paul und prüfe mit Rechengeld.

a) H Z E
917
− 475

b) H Z E
638
− 252

c) H Z E
546
− 184

d) H Z E
826
− 563

e) H Z E
738
− 393

f) H Z E
426
− 172

g) H Z E
857
− 684

h) H Z E
678
− 423

3 Rechne im Heft. Denke an die Rechenzeile.

a) 439
− 177

b) 528
− 394

c) 716
− 272

d) 845
− 561

e) 657
− 286

f) 965
− 193

g) 918
− 692

h) 746
− 374

i) 429
− 197

k) 938
− 372

l) 378
− 186

m) 859
− 383

🔑 134 192 226 232 262 284 371 372 444 476 544 566 772

4 Rechentraining. Rechne im Heft und kontrolliere mit dem Taschenrechner.

854   854   854
− 292 − 326 − 539

a) 854 −   292   326   539   463   645

b) 928 −   637   592   767   245   484

c) 776 −   261   475   552   384   193

d) 635 −   443   227   392   138   471

e) 856 −   428   584   261   749   173

5 ★ Subtrahiere immer die kleinere Zahl von der größeren Zahl.
Wähle deine Aufgaben selbst. Wie viele Aufgaben findest du?

627   434   257   546   817   282   157
924   153   735   865   671   394

KREIS

Kreis

1 Die Bilder zeigen Kreise. Finde sie.

2 Welche Form kommt der Blume oder dem Feuerwerk am nächsten?

 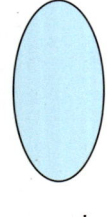 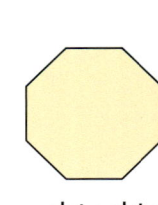  

oval   achteckig   rund

Erkläre den Unterschied zwischen eckig, oval und rund.

3 Zeichne Kreise. Welche Gegenstände kannst du benutzen?

4 Zeichne einen Kreis auf Karton. Schneide ihn so aus, dass eine Schablone entsteht. Stelle verschieden große Schablonen her.

5 Nutze deine Schablonen, um Muster zu gestalten.
👄 Hast du einen Trick, mit dem die Zeichnung gut gelingt?

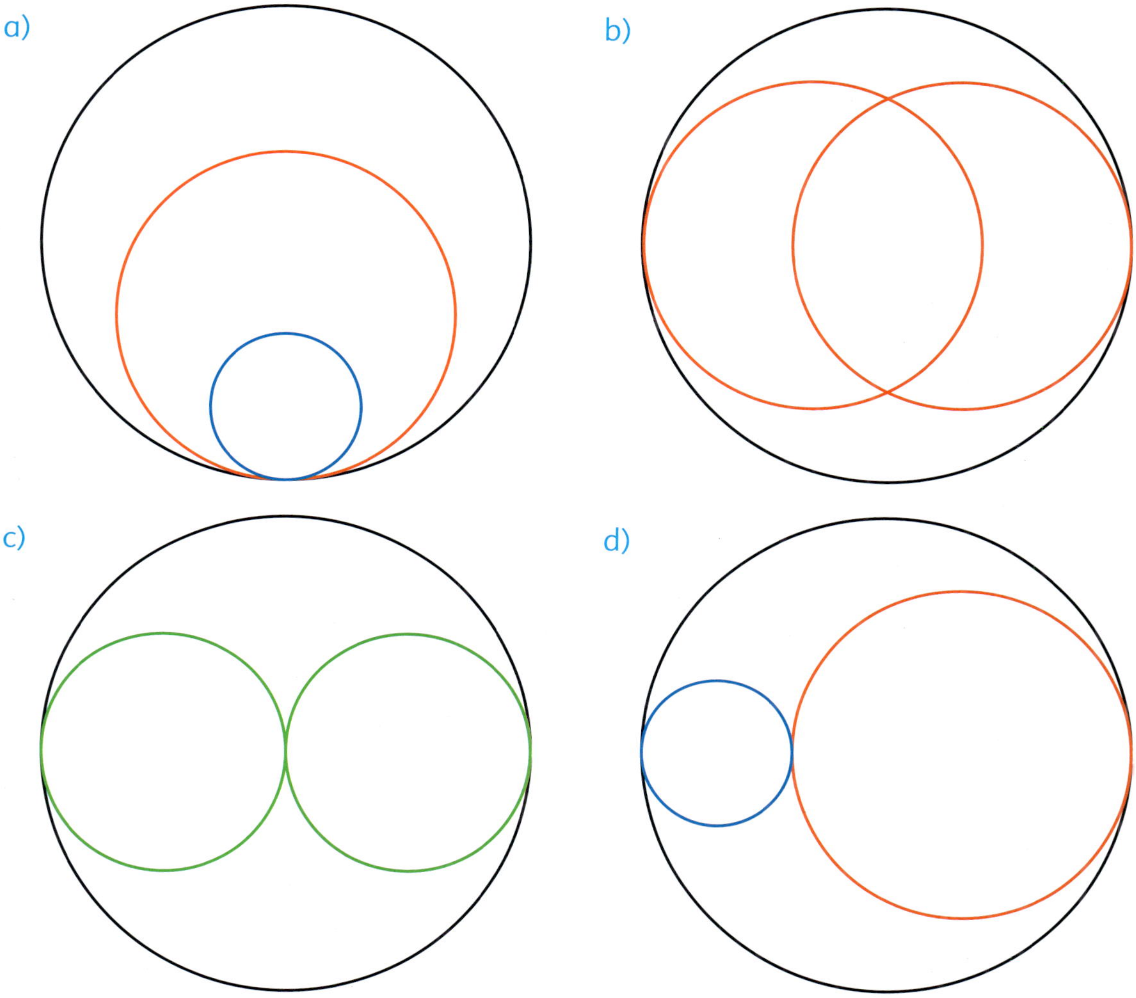

a)

b)

c)

d)

Zeichne die Kreise auch einzeln auf dünnem Papier und schneide sie aus.

6 So findest du den Mittelpunkt eines Kreises:

Schneide eine Kreisscheibe aus.

Falte sie mehrmals in der Mitte.

Die Faltlinien treffen sich im Mittelpunkt.

Kreise zeichnen

1 Zeichne einen Kreis mit dem Zirkel.
Der Abstand vom Mittelpunkt soll 5 cm betragen.

 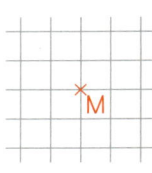 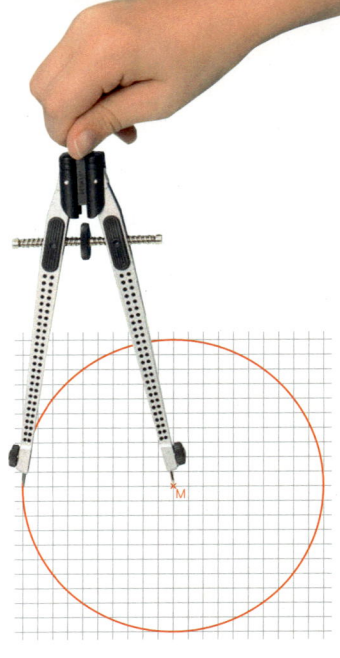

Du stellst den Zirkel auf 5 cm ein.   Du legst einen Mittelpunkt fest.   Du ziehst einen Kreis um den Mittelpunkt.

2 Zeichne Kreise.

a) 4 cm   b) 6 cm   c) 7 cm   d) 3 cm   e) 2 cm   f) 5 cm   h) 5,5 cm

3 Zeichne Kreise um einen gemeinsamen Mittelpunkt.

a) Beginne mit einem Abstand von 3 cm.

b) Vergrößere den Abstand immer um 1 cm.

c) Wiederholt die Zeichnung auf Karton.
Vergrößert den Abstand nochmals um 2 cm.
Schneidet vorsichtig entlang der Kreise
und stellt ein Mobile her.

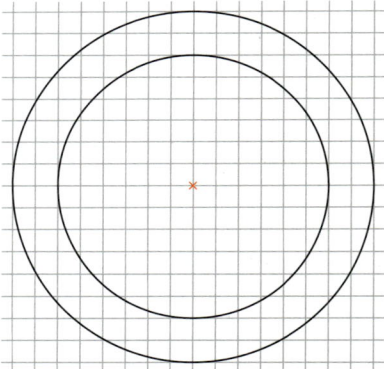

4 Übertrage das Muster in dein Heft.
Du kannst es bunt ausmalen.

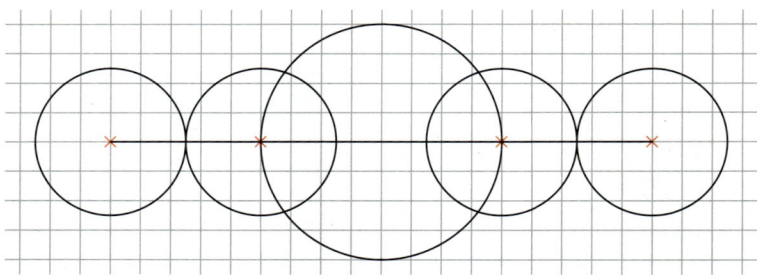

5 Entwirf ein Muster, ohne dass dein Partner sieht, wie es entsteht.
Kann er es nachzeichnen?

6 Zeichne Bandornamente in dein Heft.

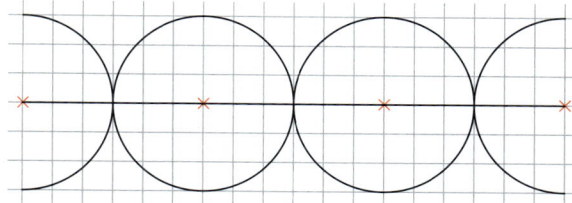

a) Male deine Bandornamente farbig aus.

b) Erfinde neue Bandornamente und zeichne sie.

7 Zeichnet Rosetten. Alle Kreise sind gleich groß.
Überlegt gemeinsam, wie die Zeichnung hergestellt wird.

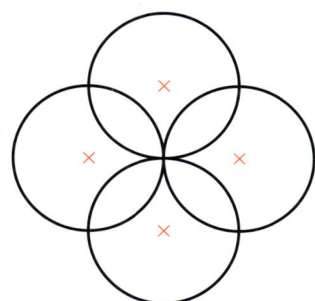 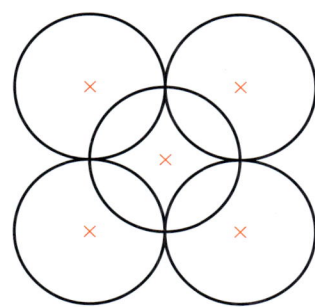

a) Wenn ihr die Rosetten verschieden ausmalt, hat jeder ein eigenes Muster.

b) Denkt euch weitere Rosetten aus. Zeichnet sie und malt sie aus.

8 Eine Rundmühle auf dem Schulhof

Wenn ihr Kreise ziehen mit der Schnur gut geübt habt, könnt ihr auf dem Schulhof eine Rundmühle zeichnen.

Spielregeln:
Zwei Personen spielen gegeneinander.
Jeder Spieler hat drei Steine einer Farbe.
Der Mittelpunkt und die Punkte auf
der Kreislinie sind Plätze für die Spielsteine.

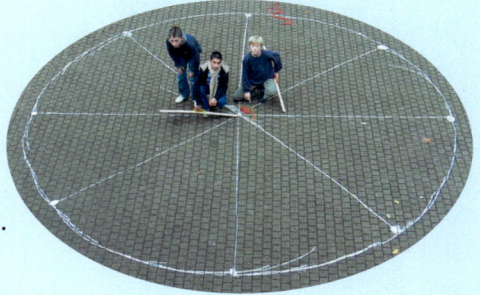

Spielverlauf:
Zuerst lost ihr die Spielsteine aus.
Welche Farbe beginnt?
Abwechselnd wird ein Stein auf das Spielfeld gesetzt. Dann wird gezogen.

Gewonnen hat der, dem es zuerst gelingt, eine Mühle zu schließen.
Eine Mühle ist geschlossen, wenn drei Steine einer Farbe auf einer Geraden stehen.

SUBTRAKTION 2

Schriftliche Subtraktion mit Probe

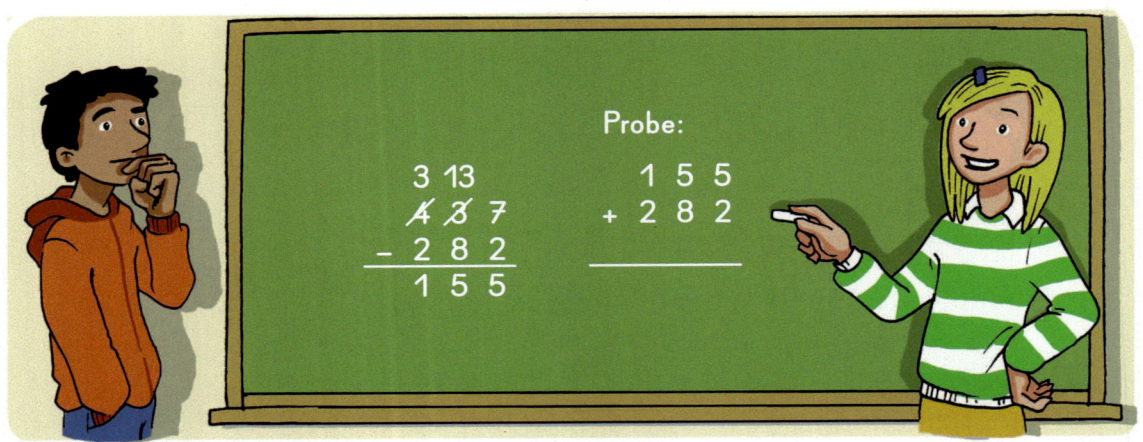

1 a) Was fällt dir auf?

b) Warum steht neben der Minusaufgabe eine Plusaufgabe an der Tafel?

c) Welches Ergebnis erhält Mira, wenn Murat richtig gerechnet hat?

2 Übertrage ins Heft und rechne. Überprüfe dein Ergebnis, indem du auch die Umkehraufgabe rechnest.

a) 984 − 657

b) 624 − 246

c) 864 − 246

d) 651 − 135

e) 753 − 272

f) 486 − 195

g) 535 − 219

h) 952 − 681

i) 987 − 472

k) 876 − 684

l) 765 − 246

m) 654 − 462

3 Übertrage ins Heft. Rechne mit Probe.

a) 973 − 245
b) 426 − 262
c) 765 − 436
d) 828 − 282
e) 689 − 578
f) 525 − 353
g) 355 − 164
h) 975 − 793
i) 579 − 135
k) 719 − 444
l) 892 − 275
m) 896 − 617

4 Schreibe stellengerecht untereinander. Rechne mit Probe.

a) 431 − 112
   431 − 113
   431 − 114
   431 − 115

b) 545 − 126
   656 − 237
   767 − 348
   878 − 459

c) 948 − 152
   948 − 162
   948 − 172
   948 − 182

d) 332 − 115
   424 − 252
   635 − 324
   853 − 672

5 Wie lautet die Minusaufgabe zu dieser Probe?

```
  1 6 2
+ 1 8 6
  1
  3 4 8
```

Minusaufgabe:
```
  3 4 8
− 1 8 6
```

a) 571 + 271
   326 + 438
   471 + 371
   526 + 238

b) 343 + 449
   124 + 449
   434 + 449
   412 + 449

c) 135 + 857
   186 + 361
   246 + 746
   297 + 472

d) 116 + 129
   127 + 127
   138 + 125
   149 + 123

6 Das kannst du im Kopf.

a) 100 + 1
   100 + 10
   100 + 100

   200 − 100
   110 − 10
   101 − 1

b) 550 + 1
   550 + 10
   550 + 100

   650 − ■
   560 − ■
   551 − ■

c) 222 + 1
   222 + 10
   222 + 100

   ■ − 100
   ■ − 10
   ■ − 1

d) 432 + 5
   432 + 50
   435 + 500

   ■ − ■
   ■ − ■
   ■ − ■

Schriftliche Subtraktion bei ungleicher Stellenzahl

1   Achte auf den Stellenwert.

a) Lege mit Rechengeld.

b) Übertrage in dein Heft. Achte auf den Stellenwert. Rechne aus. Wie viel Geld bleibt übrig?

c) Wie hast du gerechnet?

> Wenn ich schriftlich rechne,
> muss ich die Zahlen stellengerecht untereinanderschreiben.

2   Achte auf den Stellenwert. Schreibe stellengerecht untereinander und rechne.

a)	b)	c)	d)
175 – 51	975 – 61	583 – 162	352 – 25
175 – 52	864 – 42	429 – 37	424 – 3
175 – 53	753 – 25	375 – 247	635 – 124
175 – 54	642 – 81	899 – 11	853 – 5

3   Bilde Minusaufgaben. Achte auf den Stellenwert. Rechne aus.

a) 888 — 777, 555, 333

b) 987 — 76, 65, 54

c) 654 — 435, 426, 417

d) 735 — 21, 7, 16

Die Null in der schriftlichen Subtraktion

1 Rechne im Kopf.
 a) 1 – 0   2 – 0   ▬ – 0   Wie geht es weiter?
 b) 1 – 1   2 – 2   3 – ▬   Wie geht es weiter?

2 Sieh dir die Beispielaufgaben an. Was fällt dir auf?

a)
```
  986
- 150
  836
```
b)
```
  547
- 205
  342
```
c)
```
  348
- 108
  240
```
d)
```
  793
- 470
  323
```

3
a) 431 − 210
b) 918 − 507
c) 875 − 260
d) 525 − 203
e) 389 − 100

4 Sieh dir die Beispielaufgaben an. Was fällt dir auf?

a)
```
  348
- 148
  200
```
b)
```
  547
- 515
   32
```
c)
```
  975
- 475
  500
```
d)
```
  693
- 672
   21
```

5
a) 525 − 512
b) 965 − 265
c) 464 − 361
d) 731 − 721
e) 389 − 49

6 Achte auf den Stellenwert. Schreibe stellengerecht untereinander.
Rechne schriftlich oder im Kopf.

a) 475 – 465
   485 – 455
   495 – 445
   465 – 435

b) 975 – 171
   864 – 262
   759 – 158
   647 – 345

c) 583 – 562
   429 – 417
   375 – 344
   899 – 811

d) 332 – 22
   424 – 4
   635 – 16
   853 – 3

7 Bilde Minusaufgaben. Achte auf den Stellenwert.
Rechne schriftlich oder im Kopf.

a) 999 — 222 777 944
b) 765 — 23 45 64
c) 642 — 412 430 621
d) 735 — 118 241 116

Übung

1 Subtrahiere von jeder Zahl 47 und addiere zu jeder Zahl 53. Was fällt dir auf?

 ~~875~~ 439 537 347 675 158 269

	8	7	5
−		4	7

	8	7	5
+		5	3

2 Zahlenmauern

a) 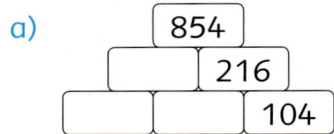   b) 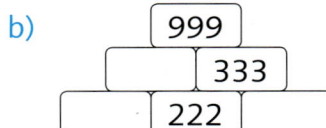   c)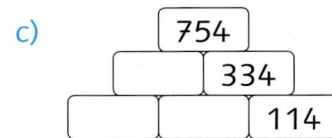

d) 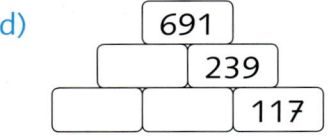   e) 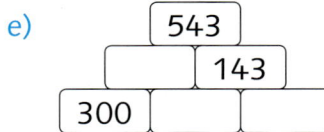   f) ★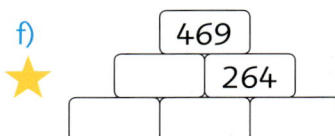

3 Rechendreiecke

a) 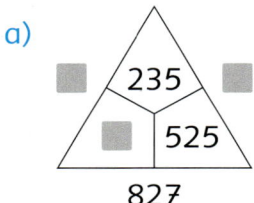   b) 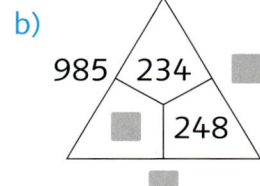   c)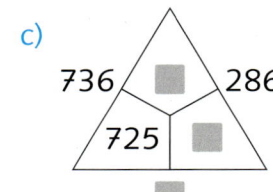

d) 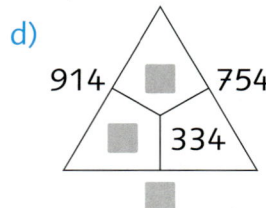   e) ★ 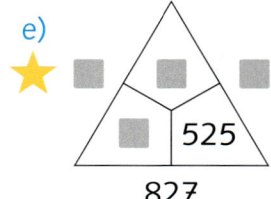   f) ★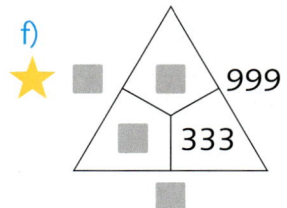

4 Aufgaben ohne Ende

Bilde aus den Zahlen 49 und 13
eine Additionsaufgabe und eine Subtraktionsaufgabe
und rechne. Bilde aus den Ergebnissen wieder
eine Additionsaufgabe und eine Subtraktionsaufgabe
und rechne.
Bilde auf diese Weise weitere Aufgaben.

4	9	+	1	3	=	6	2
4	9	−	1	3	=	3	6
6	2	+	3	6	=		
6	2	−	3	6	=		

5 Wie kannst du rechnen?

a) 345 + ⬛ = 456
456 + ⬛ = 567
567 + ⬛ = 678
678 + ⬛ = 789

b) ⬛ + 125 = 261
⬛ + 127 = 262
⬛ + 129 = 263
⬛ + 131 = 264

c) 986 = 563 + ⬛
⭐ 574 = 126 + ⬛
425 = 232 + ⬛
888 = ⬛ + 222

6 Wie lauten die fehlenden Zahlen?

a) 962
641 + ⬛
⬛ + 452
⬛ + 515
951 + ⬛
342 + ⬛

b) 849
⬛ + 638
⬛ + 247
45 + ⬛
109 + ⬛
⬛ + 312

c) 555
444 + ⬛
⬛ + 333
111 + ⬛
⬛ + 222
55 + ⬛

d) 694
241 + ⬛
⬛ + 345
354 + ⬛
⬛ + 340
162 + ⬛

7 Finde die Fehler. Kannst du sie erklären?

a)
```
  4 7 5
- 3 0 4
  1 0 9
```

b)
```
  7 6 5
-   1 5
  6 1 5
```

c)
```
    14
  9 4 8
- 1 5 2
  8 9 6
```

d)
```
      11
  4 3̷ 1
- 1 1 2
  3 2 9
```

8 Zahlenlotto

0 1 2 3 4 5 6 7 8 9

a) Legt die Ziffernkarten mit den Ziffern von 0 bis 4 und von 5 bis 9 verdeckt auf zwei Haufen.
Mischt die Haufen. Zieht aus jedem Haufen eine Karte und legt sie verdeckt auf den anderen Haufen.
Zieht aus jedem Haufen drei Karten.
Sortiert sie der Größe nach.
Zieht die kleinere von der größeren Zahl ab.

9 8 2
7 4 3

```
  9 8 2
- 7 4 3
```

⭐ b) Suche die Aufgabe mit dem größten Unterschied.

⭐ c) Suche die Aufgabe mit dem kleinsten Unterschied.

Sachaufgaben

1. Lena möchte das Fahrrad kaufen. Sie hat 359 € gespart.

2. Lisa wünscht sich das Barbie Reisemobil und das Monopoly-Spiel.
   Sie hat 130 € gespart und bekommt von ihrer Oma noch 25 €.

3. Ole hat 58 € gespart. Er träumt vom Fahrrad. Wie viel Euro fehlen ihm noch?

4. Murat würde sich gerne den Gokart kaufen.
   Sein Vater schenkt ihm 25 €, seine Mutter legt 17 € dazu.

5. Du hast 218 € oder 352 € oder 129 € gespart.

   a) Was könntest du dir kaufen?

   b) Wie viel Geld würde übrig bleiben?

6. Erfinde eine leichte und eine schwierige Rechengeschichte.
   Stelle sie deiner Klasse vor.

7. Bilde Minusaufgaben. Achte auf den Stellenwert.
   Rechne schriftlich oder im Kopf.

   a) 654 — 123 | 244 | 310
   b) 729 — 130 | 28 | 234
   c) 999 — 112 | 222 | 888
   d) 535 — 125 | 5 | 216

Das kannst du schon

1 Schreibe stellengerecht ins Heft und rechne.

a) 537 + 135
293 + 224
843 + 38
631 + 260

b) 987 − 654
562 − 232
439 − 164
826 − 36

c) 823 − 120
351 + 139
638 + 53
583 − 143

d) 567 + 121
674 − 139
984 − 182
462 + 537

2 Rechne zur Probe auch die Umkehraufgabe.

a) 413 + 326
739 − ■

b) 984 − 383
601 + ■

c) 942 − 26
■ + ■

d) 988 + 11
■ − ■

261 + 158
■ − ■

888 − 222
■ + ■

256 + 36
■ − ■

693 − 363
■ + ■

3 Schriftlich oder im Kopf? Löse erst die Aufgaben, die du im Kopf rechnen kannst. Rechne dann die anderen Aufgaben schriftlich.

a) 199 + 217
432 + 201
234 + 658
379 + 17

b) 399 − 99
854 − 326
529 − 147
948 − 198

c) 516 + 212
999 − 777
678 − 68
333 + 555

d) 251 − 9
537 + 9
543 − 214
627 − 16

4 Welche Aufgaben kannst du im Kopf lösen?
👄 Welche Aufgaben löst du schriftlich? Begründe.

5 Klecksaufgaben

a)
b)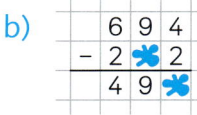
c)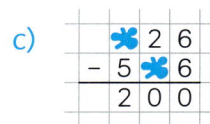
d)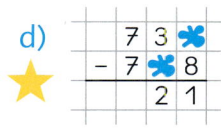

e)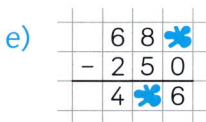
f)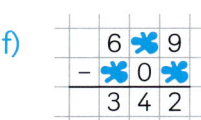
g)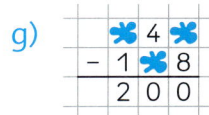
h)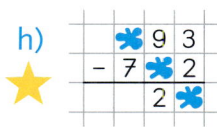

6 Mammutzahlen
Übertrage ins Heft und rechne. Überprüfe mit dem Taschenrechner.

a) 9 8 7 6 5 4 3 2
− 8 5 6 4 3 2 1 1

b) 8 2 8 3 7 4 5 7
− 1 1 7 2 6 4 3 2

c) 9 9 9 9 9 8 9 9
− 8 8 8 8 8 8 8 8

RAUMINHALTE

Rauminhalte vergleichen

1

Erzähle.

2 Nun will Mira wissen, ob Ömers Tasse auch größer als ihr Glas ist. Was stellt sie fest?

3 a) Sucht zwei verschiedene Becher, Tassen oder Gläser.
Schätzt zuerst: Wo passt mehr hinein?
Prüft dann wie Mira.
Habt ihr richtig geschätzt?

b) Sucht zwei andere Gefäße, zum Beispiel Schüsseln, Töpfe oder Eimer.
Schätzt zuerst und überprüft dann:
Wo passt mehr hinein?

4 Findest du Gefäße, in die gleich viel Flüssigkeit passt?
Woran kannst du das erkennen?

5 Die Kinder haben ihre Gläser und Becher der Größe nach geordnet. Nur Lenas Becher ist noch nicht eingeordnet.

Wie findet sie den richtigen Platz?

Du kannst jeden Becher in deinen umfüllen.

6 a) Sucht sechs verschiedene Becher, Tassen oder Gläser.
Vergleicht: Wo passt am meisten hinein?
Schätzt zuerst und ordnet die Gefäße nach eurer Schätzung.
Überprüft dann durch Umfüllen und schreibt die richtige Reihenfolge auf.

b) Sucht sechs verschiedene Töpfe und Schüsseln.
Schätzt: Wo passt am meisten hinein? Ordnet die Gefäße nach eurer Schätzung. Tauscht nun mit einer anderen Gruppe und überprüft durch Umfüllen: Haben eure Partner richtig geschätzt?

7 Welcher Becher mogelt am besten?

– Organisiert verschiedene Joghurtbecher.

– Schätzt zuerst: Wo passt am meisten hinein?
Ordnet die Verpackungen nach eurer Schätzung und schreibt eure Reihenfolge auf.

– Überprüft nun durch Umfüllen und schreibt die richtige Reihenfolge auf.

Jetzt könnt ihr sagen, welcher Becher am besten gemogelt hat:
Bei welchem Becher habt ihr euch am meisten verschätzt? Warum?

Verschiedene Formen – unterschiedlicher Rauminhalt?

Die Saftflasche sieht am größten aus.

Aber wir wollen doch herausfinden, wo am meisten hineinpasst.

1 Wie können Murat und Dennis herausfinden, wo am meisten hineinpasst?

2 Sucht eine Tasse und verschiedene größere Becher.
Füllt in jeden Becher eine Tasse Wasser.

Vergleicht:
In welchem Becher ist der Wasserstand am höchsten?
In welchem Becher ist er am niedrigsten?

3 Sucht eine Kanne und verschiedene Töpfe, Pfannen und Ähnliches.
Füllt in jedes Gefäß eine Kanne Wasser.

a) Vergleicht:
In welchem Gefäß ist der Wasserstand am höchsten?
In welchem Gefäß ist er am niedrigsten?

★ b) Warum ist der Wasserstand bei diesen Gefäßen so unterschiedlich?

4 In welchem Gefäß ist mehr Wasser?

Begründe.

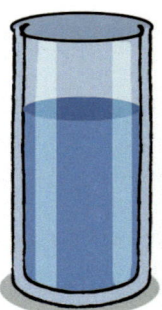

Rauminhalte messen

1. Probiert aus: Wie oft kann man eine Flasche Wasser in einen Eimer schütten, bis er voll ist?

2. Sucht verschiedene Eimer, große Schüsseln und Ähnliches.

Gefäß	Flaschen
kleiner Eimer	
Mülleimer	

   a) Schätzt zuerst und überprüft dann: Wie oft könnt ihr eine Flasche Wasser in die Gefäße schütten, bis sie voll sind? Schreibt eure Ergebnisse auf.

   b) Benutzt nun eine größere Flasche und überprüft: Wie oft kann man diese Flasche in diese Gefäße schütten? Schreibt eure Ergebnisse auf. Fällt euch etwas auf?

   ⭐ c) Überlegt: Wie wären die Ergebnisse bei einer kleineren Flasche? Begründet.

   > Die Menge, die in ein Gefäß passt, nennt man Rauminhalt.

3. In Aufgabe 2 a) hast du eine Flasche benutzt, in die genau 1 Liter Wasser passt. Nun kannst du für die Gefäße den Rauminhalt in Litern aufschreiben.

   kleiner Eimer: 5 Liter
   Mülleimer: 10 Liter

   > Den Rauminhalt kann man in Litern messen.

2 Flaschen mit 1 l, 1,5 l und 0,5 l verwenden

MULTIPLIKATION

Wiederholung Multiplikation

1. Die Kinder frühstücken gemeinsam. 8 Kinder sind in der Gruppe.
   Berechne, wie viele Lebensmittel sie für alle mitgebracht haben.

   Sie haben:

   8 · 2 = ▨ Brötchen
   8 · 5 = ▨ Erdbeeren
   8 · 4 = ▨ Käsescheiben

   Jeder bekommt:

   3 Radieschen   8 · 3 = ▨
   6 Apfelstücke   8 · 6 = ▨
   1 Ei   8 · 1 = ▨

2. Die Kinder haben ihren Lehrer vergessen.
   Wie viele Brötchen und wie viele Erdbeeren brauchen sie?
   Berechne auch den Käse und die Radieschen.

3. Lisa hat Kirschen gekauft.
   Sie hat für jedes Kind 9 Kirschen mitgebracht.
   Wie viele Kirschen sind es insgesamt?

4. Der Lehrer soll auch Kirschen bekommen.
   Auch er soll 9 Kirschen erhalten.
   Wie viele Kirschen braucht Lisa insgesamt?

5. Paul hat 4 Tüten Saft mitgebracht. Mit jeder Tüte kann er
   5 große Gläser füllen. Wie viele Gläser kann er einschütten?

6. Die Kinder lieben Kakao. In jede Kanne Milch hat Murat 6 Löffel Kakaopulver
   gegeben. Die Jungen trinken 3 Kannen und die Mädchen 2 Kannen Kakao.

7 Die Klasse 5 plant ein Picknick.
Jedes Kind soll 3 Frikadellen bekommen.
Es sind 19 Kinder und ein Lehrer.
Wie viele Frikadellen brauchen sie?

Ich nehme mal.

Ich zähle zusammen.

Wie rechnest du? Vergleiche mit deinem Partner.
Habt ihr das gleiche Ergebnis? Vergleicht eure Rechenwege.

8 In deiner Klasse wird ein Picknick geplant. Was werdet ihr mitnehmen?
Plant eure Speisen und Getränke. Erstellt dann die Einkaufsliste.

9 Im Supermarkt gibt es viele Angebote in Großpackungen.
Berechne, wie viele Einzelteile du bekommst.

a) 5 Pakete Büroklammern
   8 Pakete Büroklammern
   9 Pakete Büroklammern

b) 4 Pakete Hefte
   9 Pakete Hefte
   6 Pakete Hefte

c) 2 Pakete Kaugummis
   6 Pakete Kaugummis
   7 Pakete Kaugummis

d) 3 Pakete Stifte
   7 Pakete Stifte
   8 Pakete Stifte

10 Nutze das Einmaleins beim Rechnen.

a) 3 · 4
   3 · 40

b) 5 · 2
   5 · 20

c) 3 · 6
   3 · 60

d) 4 · 4
   4 · 40

e) 2 · 7
   2 · 70

f) 8 · 4
   8 · 40

11 Die Einmaleinsreihen bis 5 kannst du sicher, die ersten Zahlen der nächsten Reihen auch. Für die Reihen 6 bis 9 gibt es einen Rechentrick.

a) Übe den Trick mit:
6 · 9   6 · 8
6 · 7   7 · 7
8 · 8   9 · 9
6 · 6   8 · 6

b) Zeige deinem Partner fünf Aufgaben deiner Wahl.

7 · 8

Für jede Zahl brauchst du eine Faust.
Du zählst immer von 5 weiter.

Linke Hand 7:
Nimm 2 Finger hoch.

Rechte Hand 8:
Nimm 3 Finger hoch.

Hohe Finger sind Zehner, addiere sie.
Gebeugte Finger sind Einer, multipliziere sie
und zähle sie zu den Zehnern.

Halbschriftliche Multiplikation

Die Klasse 5 stellt eine Einkaufsliste zusammen.
Es sind 17 Personen, jede soll 2 Brötchen bekommen.

Dennis schreibt:

Die Aufgabe heißt:
17 **mal** 2

Ich teile die 17 auf:
17 **ist** 10 **plus** 7

Ich rechne nacheinander:
10 **mal** 2 **gleich** 20
7 **mal** 2 **gleich** 14

Ich zähle die Ergebnisse zusammen:
20 **plus** 14 **gleich** 34
Die 34 schreibe ich hinter die Aufgabe.

```
1 7 · 2

1 7 · 2
1 0
  7

1 7 · 2
1 0 · 2 = 2 0
  7 · 2 = 1 4

1 7 · 2 = 3 4
1 0 · 2 = 2 0
  7 · 2 = 1 4
```

Es müssen 34 Brötchen gekauft werden.

1 Nimm dein Heft und rechne wie Dennis. Es sind 17 Personen.

   a) Jede bekommt 3 Tomaten.   b) Jede bekommt 5 Mandarinen.

2 Zerlege zunächst die erste Zahl. Rechne dann.

a)	b)	c)	d)	e)	f)
17 · 6	13 · 2	15 · 3	16 · 3	14 · 8	13 · 7
17 · 8	13 · 4	15 · 5	16 · 5	12 · 8	18 · 7
17 · 7	13 · 6	15 · 7	16 · 7	15 · 8	17 · 7
17 · 4	13 · 8	15 · 9	16 · 9	19 · 8	11 · 7

3 Wie zerlegst du diese Zahlen?

   a) 24, 38, 46, 53   b) 74, 26, 31, 67   c) 82, 55, 43, 78

4 Zum Elternnachmittag kommen 28 Personen. Für jede soll eingekauft werden:

   a) 2 Brötchen   b) 4 Scheiben Wurst   c) 3 Scheiben Käse   d) 5 Tomaten

5 Zum Geburtstag lädt Ömer seine Familie ein. Es kommen 36 Personen.
Für jede Person hat Ömer 4 Lammkoteletts gekauft. Wie viele hat er gekauft?

6
a)	b)	c)	d)	e)	f)
15 · 3	12 · 4	14 · 6	17 · 8	25 · 6	43 · 7
16 · 3	12 · 5	24 · 6	27 · 8	52 · 6	34 · 7
18 · 3	12 · 7	34 · 6	17 · 9	25 · 9	43 · 8
19 · 3	12 · 8	54 · 6	27 · 9	52 · 9	34 · 8
17 · 3	12 · 9	74 · 6	27 · 4	25 · 8	43 · 9

7
a)	b)	c)	d)	e)	f)
35 · 6	24 · 3	14 · 3	71 · 7	63 · 3	18 · 8
36 · 6	24 · 5	48 · 4	73 · 7	21 · 9	27 · 7
38 · 6	24 · 7	34 · 3	72 · 9	45 · 9	36 · 6
39 · 6	24 · 8	54 · 4	76 · 9	13 · 3	45 · 5
37 · 6	24 · 9	74 · 3	78 · 9	30 · 6	54 · 4

8 Rechne im Kopf.

a)	b)	c)	d)	e)	f)
6 · 3	8 · 4	7 · 6	3 · 8	5 · 6	4 · 7
12 · 3	16 · 2	14 · 6	6 · 4	10 · 3	8 · 7
9 · 3	16 · 4	7 · 3	12 · 2	15 · 2	12 · 7
18 · 3	16 · 8	14 · 3	6 · 5	10 · 6	24 · 7
36 · 3	8 · 8	42 · 2	12 · 5	20 · 3	14 · 7

9 Zahlenrätsel

a) Du findest meine Zahl, wenn du 64 mit 8 malnimmst.

b) Meine Zahl ist das Doppelte von 79.

c) Meine Zahl ist das Fünffache von 45 und noch 9 dazu.

d) Wenn du von 800 das Dreifache von 24 abziehst, dann hast du meine Zahl.

e) Von 100 ziehe ich 7 mal 12 ab.

f) Deine Zahl ist dein Alter mit 5 malgenommen.

10 Rechne geschickt. Kannst du es im Kopf?

a)	b)	c)	d)	e)	f)
29 · 3	51 · 3	18 · 3	72 · 2	39 · 3	29 · 8
29 · 5	51 · 5	48 · 4	62 · 5	69 · 5	51 · 9
29 · 2	51 · 7	38 · 3	22 · 6	49 · 8	78 · 3
29 · 4	51 · 8	58 · 4	82 · 8	21 · 4	72 · 9

11 Jeder Tag hat 24 Stunden.

a) Wie viele Stunden haben 2 Tage?

b) Wie viele Stunden haben 7 Tage?

c) Wie viele Stunden haben 5 Tage?

Übung

1
a) 12 · 3
14 · 3
16 · 3
22 · 3

b) 18 · 4
28 · 4
48 · 4
68 · 4

c) 36 · 8
18 · 6
29 · 5
17 · 7

d) 36 · 8
72 · 4
18 · 4
36 · 2

e) 32 · 9
29 · 3
39 · 2
15 · 9

f) 59 · 6
33 · 7
19 · 5
51 · 9

2
a) 27 · 5
33 · 5
85 · 5
47 · 5

b) 37 · 9
67 · 9
57 · 9
27 · 9

c) 95 · 2
82 · 6
53 · 5
47 · 7

d) 19 · 6
91 · 6
15 · 4
51 · 4

e) 32 · 3
32 · 6
19 · 2
19 · 7

f) 65 · 5
97 · 9
34 · 7
43 · 8

3 Lisa und Lena backen. Sie haben ein Rezept für einen kleinen Schokokuchen.

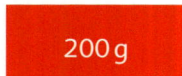

Kleiner Schokokuchen
100 g Mehl
20 g   Zucker
80 g   Schokolade
40 g   Margarine
40 g   Saure Sahne
80 ml Milch
1 kleines Ei
1 Teel. Backpulver
2 Teel. Speisestärke
5 Teel. Kakaopulver
1 Prise Salz

a) Sie wollen 6 Kuchen backen.
Wie viel brauchen sie von den einzelnen Zutaten?

b) Wie viel brauchen sie für 12 Kuchen?
Gibt es einen schnellen Rechenweg?

c) Wie viele Kuchen wird deine Klasse backen müssen,
wenn sich jeweils 4 Kinder einen Kuchen teilen?

d) Womit musst du alle Zutaten multiplizieren,
um deiner Klasse die Kuchen zu backen?

Guten Appetit!

4 Lisa und Lena brauchen 1000 g Schokolade. Wie viele Tafeln sollten sie kaufen?

100 g   200 g   75 g   40 g   300 g

a) Findet mindestens vier mögliche Lösungen.

b) Findet Lösungen mit möglichst vielen und möglichst wenigen Tafeln.

5 In einem Karton sind 16 Schokoküsse. Murat hat 15 Klassenkameraden.
 Er will jedem 2 Schokoküsse schenken. Wie viele Kartons kauft er?

6 In einer Packung sind 8 Müsli-Riegel. Die Lehrerin will jedem Kind
gleich viele Riegel mitbringen. In ihrer Klasse sind 12 Kinder.

7 Finde die fehlenden Ziffern.

a) 12 · 3 = 3▨   b) 13 · 4 = 5▨   c) 14 · 3 = ▨2   d) 33 · 2 = 6▨

e) 23 · 5 = 11▨   f) 26 · 8 = ▨▨8   g) 24 · 3 = 7▨   h) 28 · 4 = 1▨2

i) 34 · 7 = ▨▨8   k) 42 · 6 = 25▨   l) 39 · 7 = 2▨3   m) 48 · 9 = ▨▨2

8 Zahlen können eine Geschichte erzählen.

a) Lisa und Lena brauchen Hefte. Jedes Heft kostet 75 Cent.
Lisa kauft 4 Rechenhefte und 2 Schreibhefte.
Lena kauft 3 Rechenhefte.
Wie viel müssen sie zusammen bezahlen?

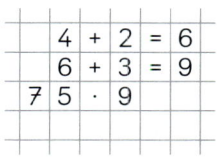

b) Erfinde eine Rechengeschichte zu Kindern, die Schulsachen kaufen.

9 Geschichten können schwierig sein.

a) Paul und Ina tauschen.
Paul gibt Ina 5 Stifte zu je 60 Cent.
Er bekommt von Ina 3 Hefte zu je 95 Cent.
Ist das in Ordnung?

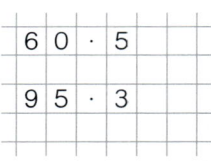

b) Erfinde eine schwierige Rechengeschichte zu Kindern, die Sachen tauschen.

Wähle aus: Fußball 18 €, T-Shirt 9 €, Buch 10 €, Taschenlampe 6 €,
Kugelschreiber 3 €, Comic-Heft 5 €, DVD 9 €, Zirkel 5 €

10 Welche Zahl könnte passen? Probiere aus.

a) 144 = 24 · ▨   b) 162 = 27 · ▨   c) 216 = 24 · ▨

d) 136 = 34 · ▨   e) 128 = 16 · ▨   f) 168 = 24 · ▨

g) 114 = ▨ · 6   h) 136 = ▨ · 8   i) 95 = ▨ · 5

11 Paul knobelt gern. Heute wählt er die Ziffern 3, 8 und 9. Er bildet Aufgaben:

| 38 · 9 | 39 · 8 | 89 · 3 | 98 · 3 | 83 · 9 | 93 · 8 |

a) Rechne Pauls Aufgaben aus.

b) Nimm die Ziffern 4, 5 und 8. Bilde daraus möglichst viele Aufgaben.

c) Wähle drei Ziffern zwischen 1 und 9, bilde daraus Aufgaben.

d) Tausche mit deinem Partner die Aufgaben und rechne.

Schriftliche Multiplikation

Wir rechnen so:

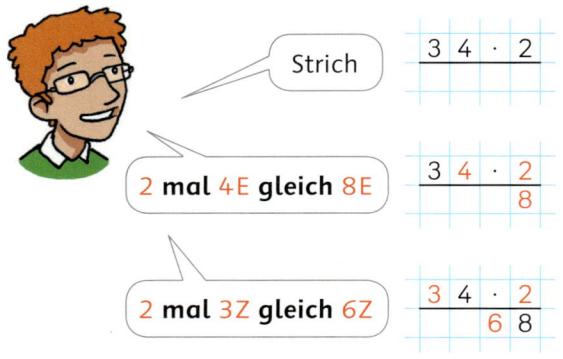

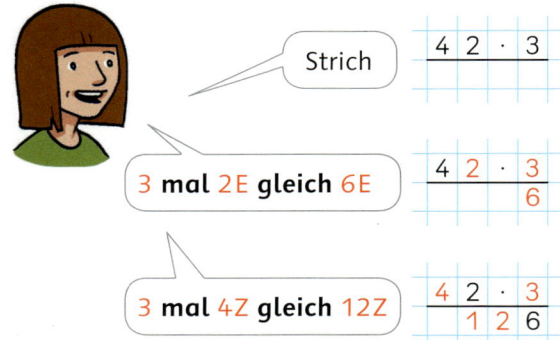

1 Rechne genau nach dem Muster.

a)	b)	c)	d)	e)	f)
13 · 2	12 · 3	11 · 4	54 · 2	42 · 3	12 · 4
21 · 2	23 · 3	22 · 4	84 · 2	43 · 3	32 · 4
44 · 2	63 · 3	41 · 4	71 · 4	92 · 3	31 · 4
63 · 2	71 · 3	82 · 4	72 · 4	93 · 3	62 · 4

2 Scheue dich nicht vor großen Zahlen. Du kannst es bestimmt.

a)	b)	c)	d)	e)	f)
11 · 5	11 · 6	11 · 7	21 · 8	31 · 9	61 · 6
21 · 5	21 · 6	21 · 7	41 · 8	51 · 9	71 · 7
41 · 5	51 · 6	31 · 7	61 · 8	71 · 9	81 · 8
61 · 5	71 · 6	81 · 7	71 · 8	21 · 9	91 · 9

3
a) 11 · 2
11 · 3
11 · 6
11 · 7
11 · 9

b) 12 · 3
13 · 3
22 · 3
23 · 3
42 · 3

c) 41 · 4
51 · 4
61 · 4
52 · 4
92 · 4

d) 14 · 2
13 · 2
72 · 4
71 · 4
70 · 4

e) 83 · 3
83 · 2
71 · 5
71 · 3
71 · 2

f) 21 · 8
31 · 8
61 · 7
81 · 9
91 · 9

4
a) 41 · 2
51 · 2
71 · 2
81 · 2
82 · 2

b) 41 · 7
51 · 7
71 · 7
81 · 7
91 · 7

c) 30 · 8
31 · 8
60 · 4
61 · 4
62 · 4

d) 94 · 2
93 · 2
92 · 2
92 · 3
93 · 3

e) 53 · 3
82 · 4
13 · 3
12 · 4
31 · 9

f) 31 · 6
31 · 7
32 · 4
41 · 5
73 · 3

5 Welche Ziffer hat der Klecks zugedeckt?

a) 42 · 3 = 12✱
b) 31 · 7 = 21✱
c) 24 · 2 = ✱8
d) 23 · 3 = 6✱
e) 63 · 2 = 1✱6
f) 81 · 8 = 6✱8
g) 52 · 4 = ✱08
h) 54 · 2 = ✱08
i) 71 · 6 = 4✱6
k) 43 · 3 = ✱29
l) 91 · 7 = 6✱7
m) 62 · 3 = 1✱6

6 Die Klasse erhält 9 neue Logico-Bretter. Jedes Brett kostet 31 €.

7 14 Kinder erhalten ein Paket Schnellhefter. Es kostet 2 €.

8 12 Kinder brauchen einen neuen Zirkel. Ein Zirkel kostet 4 €.

9 Die Schule erhält 3 große Geodreiecke für die Tafel. Jedes kostet 42 €.

10 Die Schule erhält 52 neue Lesehefte. Jedes Heft kostet 3 €.

11 Im PC-Raum gibt es 6 neue Mäuse. Jede kostet 21 €.

12 Für die Musik-AG werden Gitarren gekauft. Jede kostet 82 €. In der AG sind 4 Kinder. Ein Kind möchte nur singen.

13 Ein Mikrofon kostet 61 €. Die Schule will 5 Mikrofone kaufen.

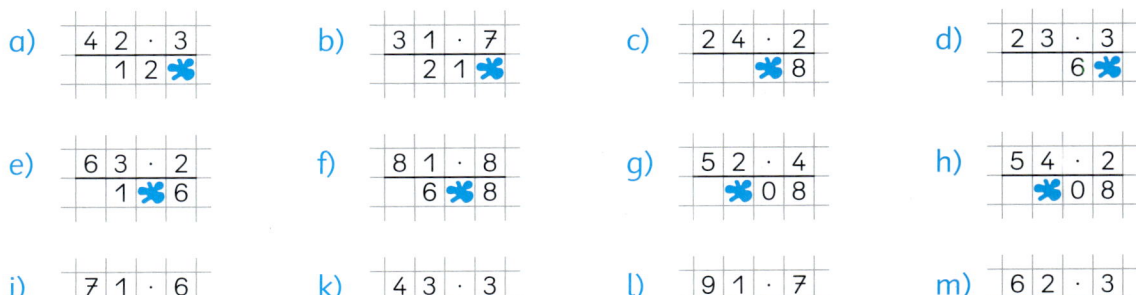

Kinder und ihre Tiere

1 Tim hat zum Geburtstag seinen Hund Grismo bekommen.
In den Ferien geht Tim mit ihm zweimal täglich spazieren.

a) Von Montag bis Samstag geht Tim immer dieselbe
Runde. Sie ist 6 Kilometer lang. Wie viele Kilometer
läuft Tim in diesen Tagen insgesamt?

b) Am Sonntag geht Tim mit Grismo in den Wald.
Jetzt läuft er doppelt so weit. Wie viele Kilometer sind es?

c) Zähle die Spazierwege in der Woche zusammen.

d) Wie viele Kilometer läuft Tim in den Osterferien?

2 Auch in der Schulzeit wird Grismo jeden Tag ausgeführt.
Tims Familie hilft mit. Für die Spaziergänge hängt ein Zeitplan in der Küche.

	MO	DI	MI	DO	FR	SA	SO
morgens	Tim 10 min	Lotte 15 min	Tim 10 min	Lotte 10 min	Mutter 15 min	Vater 10 min	Opa 45 min
mittags	Mutter 30 min	Tim 30 min	Mutter 30 min	Tim 30 min	Vater 30 min	Opa 40 min	Lotte 1 Stunde
abends	Opa 30 min	Mutter 30 min	Lotte 45 min	Vater 30 min	Tim 45 min	Lotte 20 min	Tim 40 min

Am Wochenende rechnet Tim aus:

a) Wie viele Minuten gehe ich selbst mit Grismo spazieren?

b) Wie viele Minuten sind jeweils Lotte, Mutter, Vater
und Opa mit Grismo unterwegs?

c) Wer von uns ist die längste Zeit mit Grismo unterwegs?

d) An welchem Wochentag geht Grismo
am längsten spazieren?

Ich:		
MO	1 0	min
DI	3 0	min
MI	1 0	min
DO		

3 Tim gibt Grismo abends Leckerli zu fressen. Eine Portion beträgt 90 Gramm.

a) Samstags bekommt Grismo eine doppelte Portion.
Wie viel Gramm Leckerli bekommt er?

b) Wie viel Gramm Leckerli braucht Tim für Grismo
in der ganzen Woche?

4  Mira hat ein Pflegepferd. Es heißt „Flicka" und ist eine Fuchsstute. Jeden Tag ist Mira bei Flicka.

a) Mira fährt mit ihrem Fahrrad 7 Kilometer bis zum Stall. Wie viele Kilometer fährt Mira insgesamt in der Woche?

b) Am Donnerstag kann Mira selbst ausreiten. Flicka läuft in der Stunde 12 Kilometer. Mira ist 2 Stunden mit ihr unterwegs.

c) Zwei Wochen im Jahr fährt die Besitzerin in Urlaub. Dann darf Mira jede Woche dreimal ausreiten. Wie viele Stunden sitzt sie jetzt im Sattel?

5 Mira muss für Flicka sorgen. Sie hat viele Aufgaben. In ihrem Zimmer hängt ein Arbeitsplan. Mira hat auch ihre Arbeitszeiten eingetragen.

	MO	DI	MI	DO	FR	SA	SO
striegeln	mittags 20 min	mittags 20 min	mittags 20 min	abends 30 min	mittags 20 min		morgens 40 min
Hufe		Auskratzen 20 min		Auskratzen 20 min		Fetten 30 min	Auskratzen 20 min
Mähne		Verziehen 15 min				Einflechten 1 Stunde	

Am Wochenende rechnet Mira aus:

a) An welchem Tag arbeite ich am längsten?

b) Wie viele Minuten kümmere ich mich in der Woche um das Fell, um die Hufe und um die Mähne?

c) Wie viele Minuten arbeite ich in der Woche?

d) Ich möchte dienstags auch den Schweif verlesen. Wie viel Zeit habe ich dafür, wenn ich 90 Minuten im Stall bin?

```
Dienstag:
    2 0 min
  + 2 0 min
  + 1 5 min
```

6 Mira bekommt auch Reitstunden. Eine Reitstunde kostet für Mira 18 €.

a) Sie hat montags und samstags je eine Reitstunde. Wie viel kostet das pro Woche?

b) Für die Pflege darf Mira donnerstags umsonst reiten. Wie viel müsste sie sonst pro Woche bezahlen?

c) Paula hat keine Zeit für ein Pflegepferd. Sie bezahlt 22 € pro Reitstunde. Sie reitet immer gemeinsam mit Mira.

ZEIT

Der Kalender

1 Erzähle.

In 7 Wochen machen wir eine Klassenfahrt.

Wir fahren 5 Tage weg.

Mai					Juni				
Mo	7	14	21	28	Mo	4	11	18	25
Di	1	8	15	22	29	Di	5	12	19	26
Mi	2	9	16	23	30	Mi	6	13	20	27
Do	3	10	17	24	31	Do	7	14	21	28
Fr	4	11	18	25	Fr	1	8	15	22	29
Sa	5	12	19	26	Sa	2	9	16	23	30
So	6	13	20	27	So	3	10	17	24

2 Schau im Kalender nach.

a) Welcher Wochentag ist das?
   10.5.   23.5.   6.6.   19.6.   30.6.

b) Nenne zu jedem Sonntag im Mai und im Juni das Datum.

3 Ömer hat am 13.11. Geburtstag.

November
Mo	5	12	19	26
Di	6	13	20	27
Mi	7	14	21	28
Do	1	8	15	22	29
Fr	2	9	16	23	30
Sa	3	10	17	24
So	4	11	18	25

a) Er möchte am folgenden Samstag mit seinen Freunden feiern. Welches Datum muss er in die Einladung schreiben?

b) Mit seiner Familie feiert er am letzten Sonntag im November. Welches Datum steht in der Einladung?

4 Die Sommerferien beginnen am 16.7.
Das neue Schuljahr beginnt 6 Wochen später.
Welches Datum ist an dem Tag?

Juli					August				
Mo	2	9	16	23	30	Mo	6	13	20	27
Di	3	10	17	24	31	Di	7	14	21	28
Mi	4	11	18	25	Mi	1	8	15	22	29
Do	5	12	19	26	Do	2	9	16	23	30
Fr	6	13	20	27	Fr	3	10	17	24	31
Sa	7	14	21	28	Sa	4	11	18	25
So	1	8	15	22	29	So	5	12	19	26

Arbeite mit einem Kalender.

5 Welches Datum ist heute? Welches Datum ist dann …

a) in 3 Tagen,
in 1 Woche,
in 3 Wochen,

b) in 2 Wochen 3 Tagen,
in 3 Wochen 5 Tagen,
in einem Monat,

c) in 5 Monaten,
in 2 Monaten 2 Wochen,
in 3 Monaten 11 Tagen?

6 Übertrage ins Heft und ergänze.

a)
	1 Woche später	2 Wochen später
5.1.		
13.10.		
9.8.		
⭐ 19.3.		

b)
	2 Monate später	5 Monate später
24.2.		
6.7.		
15.4.		
⭐ 8.10.		

7 Paul und seine Eltern machen 3 Wochen Campingurlaub an der Ostsee.
Mona fährt mit ihren Großeltern für 20 Tage in die Berge.
Wer ist länger unterwegs?

> 1 Woche = 7 Tage

8 a) Schreibe in Tagen.

    2 Wochen   5 Wochen   10 Wochen   18 Wochen
    3 Wochen 4 Tage   6 Wochen 2 Tage   4 Wochen 2 Tage   20 Wochen

b) Schreibe in Wochen.

    21 Tage   49 Tage   63 Tage   35 Tage   56 Tage

9 Nutze einen Kalender.

a) Wie viele Tage hat ein Jahr? Wie viele Wochen sind das?

b) Wie viele Tage haben 2 Jahre? Wie viele Wochen sind das?

10 Schätze zuerst und zähle dann mit einem Schülerkalender.

a) Wie viele Schultage hast du in diesem Schuljahr?
Wie viele Wochen sind das?

b) Wie viele Ferientage hast du in diesem Schuljahr?
Wie viele Wochen sind das?

> 1 Jahr = 12 Monate

11 Frau Müller hat vor 8 Monaten ein Baby bekommen.

a) Wie viele Monate dauert es noch bis zum ersten Geburtstag?

b) Wenn das Kind 3 Jahre alt ist, will Frau Müller wieder arbeiten.
Wie viele Monate sind es noch bis dahin?

12 Schreibe in Monaten.

    3 Jahre   6 Jahre   2 Jahre 4 Monate   4 Jahre 8 Monate

13 Wie alt bist du heute? Bestimme genau Jahre, Monate und Tage.

14 Der Mond braucht 28 Tage, um die Erde zu umkreisen.

a) Wie viele Wochen sind das?

b) Wie oft im Jahr umkreist der Mond die Erde?

Die Uhrzeit

1. Zeit kann man mit unterschiedlichen Uhren messen.

   a) Ordne die Begriffe zu: Sanduhr, Stoppuhr, Armbanduhr, Wanduhr.

   b) Wofür verwendest du diese Uhren? Kennst du noch andere Uhren?

2. Stelle die Uhrzeiten auf der Lernuhr ein.
   Lies beide Zeiten ab: vormittags und nachmittags.

   a)  b)  c) 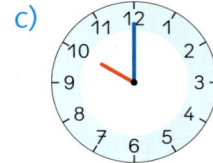 d) 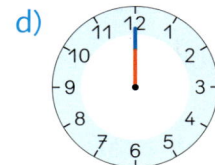 e)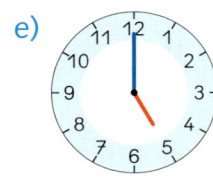

3. Stelle die Uhrzeiten auf der Lernuhr ein.

   a) 14:00   b) 17:00   c) 23:00   d) 21:00   e) 9:00

4. Welche Uhren gehören zusammen?

   A 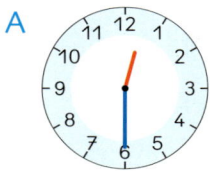 B C 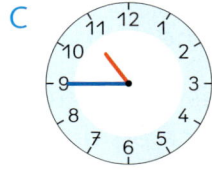 D  E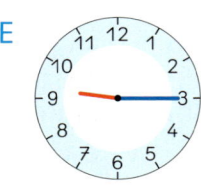

   1) 8:30   2) 21:15   3) 14:15   4) 0:30   5) 10:45

5. **Wir basteln eine Sanduhr**

   Ihr braucht: 2 kleine Plastikflaschen, Klebeband, Vogelsand

   Bohrt in beide Flaschendeckel ein kleines Loch. Füllt eine Flasche zur Hälfte mit Sand und schraubt beide Flaschen fest zu. Stellt beide Flaschen aufeinander und klebt die Deckel mit Klebeband fest zusammen. Stoppt die Zeit, die der Sand für einen Durchlauf benötigt.

6 Schau genau hin: Wo steht der große Zeiger?

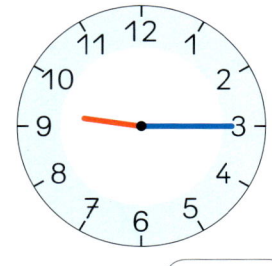

Es ist 9:15 Uhr.   Es ist Viertel nach 9.   Es ist 9:30 Uhr.   Es ist halb 10.   Es ist 9:45 Uhr.   Es ist Viertel vor 10.

Stelle die Uhrzeiten ein.

a) 2:30 Uhr
    10:30 Uhr
    17:30 Uhr
    21:30 Uhr
    halb 4
    halb 12

b) 6:15 Uhr
    5:15 Uhr
    22:15 Uhr
    19:15 Uhr
    Viertel nach 8
    Viertel nach 4

c) 4:45 Uhr
    1:45 Uhr
    18:45 Uhr
    23:45 Uhr
    Viertel vor 3
    Viertel vor 5

7 Stelle die Uhrzeiten auf der Lernuhr ein.
Lies beide Zeiten ab: vormittags und nachmittags.

a)    b)   c)   d)   e)

8 Ordne die Uhren richtig zu.

A Es ist halb 5.   B Es ist Viertel nach 6.   C Es ist Viertel vor 8.   D Es ist halb 12.   E Es ist Viertel nach 8.

1    2    3 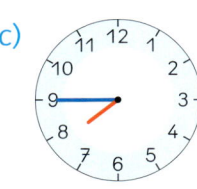   4    5

103

Wie spät ist es genau?

1 Wie spät ist es? Begründe.

Der kleine Zeiger steht zwischen 8 und 9.

Und der große Zeiger steht bei 35 Minuten.

Der kleine Zeiger zeigt die Stunden.

Der große Zeiger zeigt die Minuten.

Von einem großen Strich zum nächsten zähle ich in Fünferschritten.

2 Welche Uhren gehören zusammen?

A   B   C   D   E

1 1:10   2 8:20   3 3:40   4 6:55   5 11:35

3 Wie spät ist es? Lies auf die Minute genau ab.
Lies beide Zeiten ab: vormittags und nachmittags.

a) b) c) d) e)

4 Stelle die Uhrzeiten auf der Lernuhr ein.

a)   3:20 Uhr   7:50 Uhr   10:35 Uhr   8:40 Uhr   6:15 Uhr

b) 14:55 Uhr   17:10 Uhr   23:30 Uhr   16:45 Uhr   19:25 Uhr

c) 13:15 Uhr   9:40 Uhr   18:25 Uhr   0:20 Uhr   23:55 Uhr

5 Wie spät ist es? Begründe.

Jetzt steht der große Zeiger zwischen der 4 und der 5.

Bei der 4 sind 20 Minuten vergangen und dann noch 3 kleine Striche dazu – das sind 23 Minuten.

Von einem kleinen Strich zum nächsten zähle ich in Einerschritten.

6 Wie viele Minuten nach 9 Uhr zeigt die Uhr an?

a)  b)  c)  d) 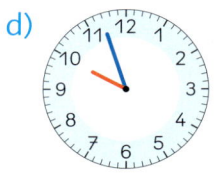 e)

7 Welche Uhren gehören zusammen?

A  B  C  D  E

1 8:58   2 12:39   3 2:17   4 10:23   5 6:41

8 Wie spät ist es? Lies auf die Minute genau ab.

a)  b)  c)  d)  e)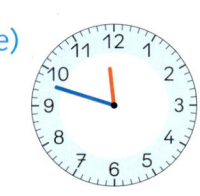

9 Stelle die Uhrzeiten auf der Lernuhr ein.

a)   2:37 Uhr   8:13 Uhr   10:49 Uhr   1:52 Uhr   4:04 Uhr

b)   13:24 Uhr   21:32 Uhr   15:47 Uhr   20:18 Uhr   22:06 Uhr

Stunden und Minuten

1 Erzähle.

1 Stunde = 60 Minuten
1 h = 60 min

2 Schreibe in min: 2 h 5 h 10 h 3 h 8 h 16 h

2	·	6	0	min	=				

3 Schreibe in min.

a) 1 h 30 min   1 h 10 min   1 h 50 min   1 h 20 min   1 h 40 min

★ b) 2 h 10 min   2 h 40 min   3 h 20 min   3 h 50 min   4 h 30 min

4 Schreibe in min. Vergleiche. >, < oder =?

a) 1 h ● 80 min   b) 100 min ● 2 h   c) 3 h ● 200 min
    40 min ● 1 h   2 h ● 200 min   300 min ● 5 h
    60 min ● 1 h   150 min ● 2 h   4 h ● 250 min

5 Ömer geht jeden Dienstag 1 Stunde zum Fußballtraining. Nach einigen Ballübungen machen die Jungen heute ein Übungsspiel.
Wie viele Minuten haben sie dafür noch Zeit?

Die 15 Minuten sind um. Jetzt könnt ihr spielen.

6 Wie viele Minuten fehlen bis zur vollen Stunde? Ergänze.

2	0	min	+	4	0	min	=	6	0	min

a) 20 min   35 min   50 min   5 min   45 min

b) 18 min   41 min   26 min   3 min   52 min

Von 20 Minuten bis 60 Minuten fehlen ...

c) Finde selbst Aufgaben.

Minuten und Sekunden

1 Die Kinder der Klasse 5c laufen heute eine Stadionrunde. Bei Fatima wurde eine Zeit von 110 Sekunden gemessen. Tim hat 2 Minuten gebraucht. Wer war schneller?

1 Minute = 60 Sekunden
1 min = 60 s

2 Schreibe in s: 3 min   7 min   10 min   15 min   9 min

| 3 | · | 6 | 0 | s | = | | |

1	min		2	0	s		
1	min	=	6	0	s		
6	0	s	+	2	0	s	=	8	0	s

3 Schreibe in s.

a) 1 min 20 s   1 min 50 s   1 min 35 s   1 min 15 s

b) 2 min 10 s   2 min 40 s   2 min 25 s   2 min 55 s

4 Schreibe in Sekunden. Ordne.

a) Beginne mit der kürzesten Zeitspanne.

| 100 s | 2 min | 1 min | 30 s | 3 min |

b) Beginne mit der längsten Zeitspanne.

| 500 s | 8 min | 400 s | 600 s | 9 min |

5 Dennis und Ömer wetten: Schafft es Ömer, eine Minute lang ohne Unterbrechung auf der Flöte zu spielen? Nach 40 Sekunden atmet Ömer wieder ein. Wie viele Sekunden haben gefehlt?

6 Wie viele Sekunden fehlen bis zur vollen Minute? Ergänze.

a) 10 s   55 s   40 s   25 s   15 s   30 s

b) 13 s   38 s   56 s   9 s   47 s   22 s

c) Finde selbst Aufgaben.

| 1 | 0 | s | + | 5 | 0 | s | = | 6 | 0 | s |

Von 10 Sekunden bis 60 Sekunden fehlen …

Zeitpunkte

1 Wann kommen die Züge an?

a)  b)

2 a) Rechne 2 Stunden dazu: 4:10 Uhr   21:30 Uhr   8:49 Uhr   15:03 Uhr

b) Rechne 6 Stunden dazu: 9:20 Uhr   13:50 Uhr   5:31 Uhr   16:17 Uhr

3 a) Rechne 20 Minuten dazu: 7:30 Uhr   12:15 Uhr   20:08 Uhr   3:27 Uhr

b) Rechne 8 Minuten dazu: 9:40 Uhr   17:11 Uhr   22:35 Uhr   6:09 Uhr

4 Paul geht jeden Morgen um 7:25 Uhr aus dem Haus.
Er braucht genau 17 Minuten für den Weg zur Schule.

a) Wann kommt er in der Schule an?

b) Gestern hat er Dennis getroffen und deshalb 5 Minuten länger gebraucht. Wann kamen die beiden Jungen in der Schule an?

5 Murat telefoniert jeden Freitag mit seiner Oma in der Türkei. Heute ruft er um 17:40 Uhr an. Wegen der Zeitverschiebung ist es dort schon eine Stunde später. Welche Zeit zeigt die Uhr bei der Oma, als das Telefon klingelt?

6 ★ Paul und Ömer wollen den Film „Der Cop" sehen.
Lisa und Lena gehen lieber in den Film „Die Erde".

a) Wann kommen die Jungen aus dem Kino?

b) Wann kommen die Mädchen aus dem Kino?

> 17:15 UHR   DIE ERDE
> 1 STUNDE 30 MINUTEN
>
> 17:30 UHR   DER COP
> 2 STUNDEN 10 MINUTEN

7 a) Rechne 1 Stunde und 20 Minuten dazu.
9:30 Uhr   12:10 Uhr   21:25 Uhr   7:04 Uhr

b) Rechne 4 Stunden und 15 Minuten dazu.
8:40 Uhr   16:05 Uhr   10:33 Uhr   19:27 Uhr

> Erst die Stunde dazu, dann ist es 10:30 Uhr, und dann noch die 20 Minuten …

8 Dennis will mit seinen Eltern im Stadtzentrum einkaufen. Seine Mutter holt einen Parkschein für 30 Minuten.

Wann hat sie den Parkschein geholt?

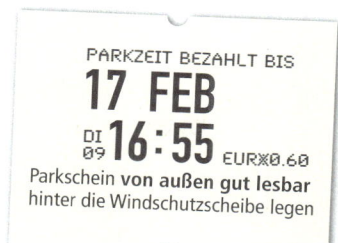

9 a) Rechne 10 Minuten zurück: 9:40 Uhr   14:35 Uhr   21:27 Uhr   7:53 Uhr

b) Rechne 7 Minuten zurück: 8:19 Uhr   12:54 Uhr   23:31 Uhr   6:48 Uhr

10 a) Rechne 3 Stunden zurück.

17:20 Uhr   22:45 Uhr   8:39 Uhr   5:16 Uhr   19:07 Uhr   7:24 Uhr

★ b) Rechne 1 Stunde und 10 Minuten zurück.

10:30 Uhr   3:25 Uhr   23:57 Uhr   7:42 Uhr   18:29 Uhr   9:51 Uhr

11 Mona und Fatima wollen sich um 15:30 Uhr am Reiterhof treffen. Mona braucht mit dem Bus 1 Stunde für den Weg. Fatima läuft 25 Minuten.

a) Wann fährt Mona los?

b) Wann geht Fatima zu Hause los?

12 Lena und Lisa brauchen 20 Minuten für den Schulweg.

a) Am Dienstag haben die Mädchen um 13:15 Uhr Unterrichtsschluss. Wann kommen sie zuhause an?

b) Am Mittwoch kommen Lena und Lisa um 14:50 Uhr zuhause an. Wann hatten sie Unterrichtsschluss?

13 Übertrage ins Heft und ergänze.

a)
Beginn	Dauer	Ende
7:24 Uhr	20 min	
14:06 Uhr	49 min	
8:15 Uhr	6 h	
7:42 Uhr	4 h	
20:10 Uhr	2 h 15 min	

b)
Beginn	Dauer	Ende
	30 min	10:45 Uhr
	20 min	21:57 Uhr
	4 h	16:30 Uhr
	7 h	8:12 Uhr
	3 h 20 min	17:50 Uhr

Zeitdauer

1. Erzähle.

"Wir sind um 13 Uhr losgefahren."

"Und zwischendurch haben wir 30 Minuten Pause gemacht."

2. Wie viel Zeit braucht man, um von deiner Schule aus in den nächsten Zoo zu fahren? Schätze zuerst und informiere dich dann.

3. Suche deine beiden Lieblingslieder heraus. Schätze zuerst und prüfe dann mit der Stoppuhr.

   a) Wie lang ist jedes Lied?

   b) Wie lange dauert es, wenn du beide Lieder hintereinander abspielst?

4. Wie lange dauert es, bis diese Gegenstände den Fußboden berühren: ein Blatt Papier, eine Feder, ein Taschentuch? Schätzt zuerst und stoppt dann die Zeit.

5. Wie verbringst du deine Zeit? Übertrage ins Heft und ergänze.

   a) Schätze, wie viel Zeit du pro Tag mit diesen Tätigkeiten verbringst.

   b) Beobachte nun eine Woche genau.

   c) Womit verbringt ihr die meiste Zeit? Sprecht über eure Ergebnisse.

	Mo	Di	Mi	Do	Fr	Sa	So
schlafen							
Schule							
spielen							
mit Freunden							
fernsehen							
Sport							

6 Der große Zeiger hat sich bewegt. Wie viele Minuten sind vergangen?

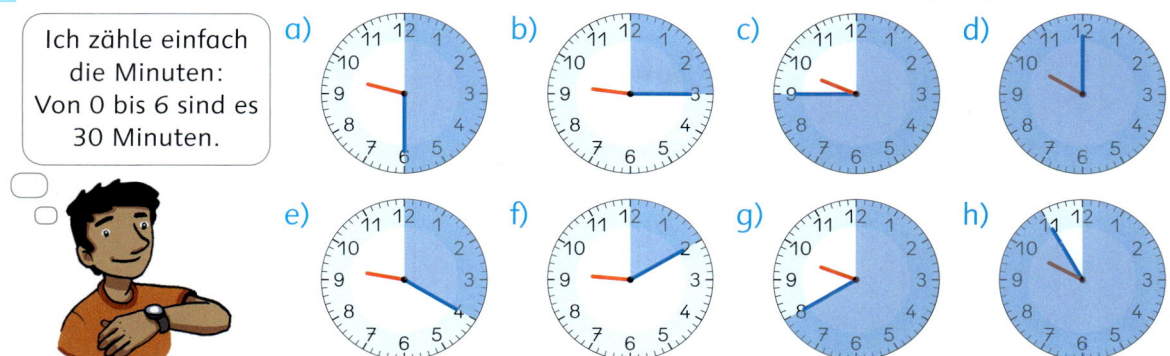

Ich zähle einfach die Minuten: Von 0 bis 6 sind es 30 Minuten.

Von einem großen Strich zum nächsten vergehen 5 Minuten.

7 Übertrage ins Heft und ergänze.

a)
Beginn	Dauer	Ende
5:20 Uhr		5:50 Uhr
20:15 Uhr		20:45 Uhr
13:30 Uhr		13:55 Uhr
18:05 Uhr		18:40 Uhr

b)
Beginn	Dauer	Ende
12:15 Uhr		12:48 Uhr
9:46 Uhr		9:57 Uhr
8:29 Uhr		8:36 Uhr
15:34 Uhr		15:51 Uhr

8 Paul hat um 15:10 Uhr einen Termin beim Zahnarzt. Da noch einige Patienten vor ihm behandelt werden, wird er erst um 15:40 Uhr in das Sprechzimmer gerufen. Er verlässt die Praxis um 15:55 Uhr.
Wie viele Minuten saß Paul im Wartezimmer?
Wie lange dauerte die Behandlung?

9 Lisa und Lena backen einen Kuchen. Sie stellen die Backform um 16:05 Uhr in den Backofen. Um 16:50 Uhr klingelt der Kurzzeitwecker, weil der Kuchen fertig ist. Wie lange war er im Ofen?

10 In Miras Schule findet am Samstag ein Schulfest statt. Es soll 15:00 Uhr mit einem gemeinsamen Singen beginnen. Zum Abschluss um 18:00 Uhr lassen alle Kinder Luftballons steigen.
Wie lange haben die Kinder für die Vorbereitung gebraucht?

11 Mona und Ömer treffen sich um 17:25 Uhr zum gemeinsamen Spielen. Sie haben Monas Mutter versprochen, höchstens 1 Stunde vor dem Computer zu sitzen.
Haben sie ihr Versprechen gehalten?

Wann fährt der Bus?

BUS 200 S+U Alexanderplatz Bhf (Berlin) ▶ S+U Zoologischer Garten Bhf (Berlin)

🕐	Montag – Freitag						Samstag						Sonntag					
04	54																	
05	14	34	54				34	54										
06	14	34	54				14	34	54				54					
07	14	34	54				14	34	54				14	34	54			
08	04	14	24	34	44	54	14	34	54				14	34	54			
09	04	14	24	34	44	54	04	14	24	34	44	54	14	34	54			
10	04	14	24	34	44	54	04	14	24	34	44	54	04	14	24	34	44	54
11	04	14	24	34	44	54	04	14	24	34	44	54	04	14	24	34	44	54
12	04	14	24	34	44	54	04	14	24	34	44	54	04	14	24	34	44	54
13	04	14	24	34	44	54	04	14	24	34	44	54	04	14	24	34	44	54
14	04	14	24	34	44	54	04	14	24	34	44	54	04	14	24	34	44	54
15	04	14	24	34	44	54	04	14	24	34	44	54	04	14	24	34	44	54
16	04	14	24	34	44	54	04	14	24	34	44	54	04	14	24	34	44	54
17	04	14	24	34	44	54	04	14	24	34	44	54	04	14	24	34	44	54
18	04	14	24	34	44	54	04	14	24	34	44	54	04	14	24	34	44	54
19	04	14	24	34	44	54	04	14	24	34	44	54	04	14	24	34	44	54
20	04	14	24	34	44	54	04	14	24	34	44	54	04	14	24	34	44	54
21	04	14	24	34	44	54	04	14	24	34	44	54	04	14	24	34	44	54
22	04	14	24	34	54		04	14	24	34	54		04	14	24	34	54	
23	14	34	54				14	34	54				14	34	54			
00	14	34					14	34					14	34				

1 a) An welcher Haltestelle hängt dieser Fahrplan?

b) Wohin fährt dieser Bus?

c) Zu welcher Buslinie gehört dieser Fahrplan?

> Im Plan sind vorn die Stunden eingetragen.

> Und unter den Wochentagen kann man die Minuten ablesen.

> Also fährt der erste Bus um 4:54 Uhr.

2 a) Wann fährt am Samstagmorgen der erste Bus?

b) Wann fährt am Sonntagmorgen der erste Bus?

3 a) Wie viele Busse fahren montags zwischen 8 Uhr und 9 Uhr? Wann genau fahren die Busse? Schreibe auf.

b) Wie viele Busse fahren sonntags zwischen 8 Uhr und 9 Uhr? Wann genau fahren die Busse? Schreibe auf.

c) Finde selbst Aufgaben.

```
montags
zwischen
8 und 9 Uhr:
8 : 0 4 Uhr
8 : 1 4 Uhr
```

4 a) Paul steht am Montag um 13:00 Uhr an der Haltestelle.
Wann kommt der nächste Bus? Wie lange wartet Paul?

b) Ömer und seine Eltern stehen am Sonntag um 21:30 Uhr an der Haltestelle.
Wann kommt ihr Bus. Wie lange müssen sie warten?

c) Finde selbst ähnliche Aufgaben.

5 Murat kommt am Dienstag um 6:14 Uhr an die Haltestelle. Der Bus fährt ihm aber vor der Nase weg. Wie lange muss er auf den nächsten Bus warten?

6

Haltestelle	Fahrzeit ab Alexanderplatz
Staatsoper	5 min
Unter den Linden/Friedrichstr.	7 min
S+U Potsdamer Platz	13 min
Philharmonie	17 min
Nordische Botschaften/Adenauer-Stiftung	21 min
S+U Zoologischer Garten	27 min

Fatima, Ole und Tim steigen 14:14 Uhr in den Bus. Ole steigt an der Haltestelle Unter den Linden/Friedrichstr. aus. Fatima fährt bis zum Potsdamer Platz und Tim bis zur Endhaltestelle. Berechne für die drei Kinder die Ankunftszeit.

7 Dennis will mit seinen Eltern Berlin anschauen. Sie steigen um 10:14 Uhr am Alexanderplatz in den Bus. An der Staatsoper steigen sie aus.
Sie schauen sich die Staatsoper und andere Gebäude an.

a) Wann steigen sie an der Staatsoper aus?

b) Danach steigen sie um 12:19 Uhr wieder in den Bus.
Wie lange waren sie an der Staatsoper?

c) Wie viele Minuten brauchen sie für die Fahrt von der Staatsoper zur Philharmonie?

d) Wann kommen sie dort an?

e) Wann sollten sie an der Philharmonie weiterfahren, wenn sie um 14:30 Uhr am Zoologischen Garten sein wollen?

> Ich rechne erst die Fahrzeit zurück und schaue dann im Fahrplan nach dem richtigen Bus.

8 Mona und Lisa wollen sich am Samstag um 19:30 Uhr an der Staatsoper treffen. Wann muss Lisa am Alexanderplatz in den Bus steigen, um pünktlich zu sein?

113

UMFANG

Umfänge erforschen

1. Der Schulhof ist mit großen bunten Figuren bemalt. Heute wollen die Kinder der Klasse 5 b erforschen, wie groß die Umfänge sind.

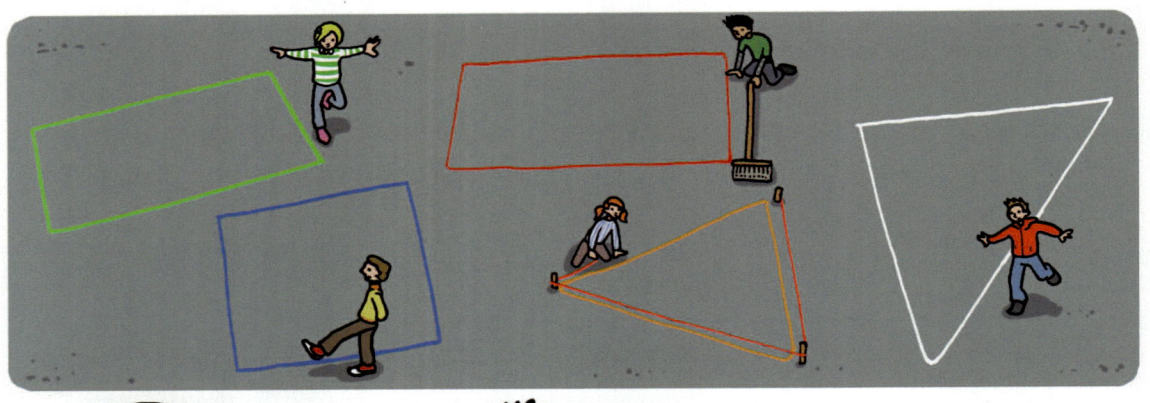

Ich habe 96 Tipp-Topp-Schritte um das grüne Rechteck gemacht.

Ich habe den Besenstiel sechsmal um das rote Rechteck gelegt.

Welche Figur hat den größten Umfang?

Ich habe 20 große Schritte um das blaue Quadrat gemacht.

Ich bin mit dem Faden nicht um das orange Dreieck gekommen.

Ich habe 120 Tipp-Topp-Schritte um das weiße Dreieck gebraucht.

a) Wie haben die Forscher den Umfang ausgemessen?

b) Vergleicht ihre Ergebnisse. Was stellt ihr fest?

2. Jetzt seid ihr dran. Sucht Gegenstände im Klassenraum, deren Umfang ihr ausmessen könnt.

a) Benutzt zum Abmessen Zehnerstangen, Zahnstocher, Streichhölzer oder andere gleich lange Stäbchen.

b) Ordnet die Gegenstände nach der Größe des Umfangs.

3 Anna möchte genau wissen, wie groß der Umfang ihres Matheheftes ist.
Sie hat eine Idee. Erzähle.

4 Forscht wie Anna.

a) Messt die Umfänge verschiedener Gegenstände mit Bindfaden und Lineal aus.

b) Notiert eure Ergebnisse in einer Tabelle.

Gegenstand	Umfang
Federmappe	78 cm
Matheheft	
...	

5 Umfänge am Körper messen

a) Mit einem Maßband könnt ihr auch euren Körper ausmessen und Umfänge herausfinden. An diesen Stellen könnt ihr gut messen: Kopf, Oberarm, Handgelenk, Wade.

b) Notiert eure Ergebnisse und vergleicht: Wer hat den größten „Dickkopf"?

Name	Kopf	Oberarm	Handgelenk	Wade
Mira				
Ole				
...				

c) Wer hat den kräftigsten Arm? TIPP: Spannt beim Messen eure Muskeln an!

d) Wo könnt ihr noch messen?

Umfänge bestimmen

1 Dennis und Tim haben aus Papier verschiedene Rechtecke gefaltet.
Mit dem Lineal messen sie alle Seiten aus und bestimmen den Umfang.

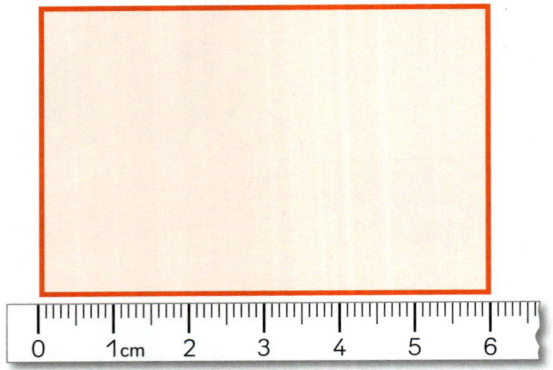
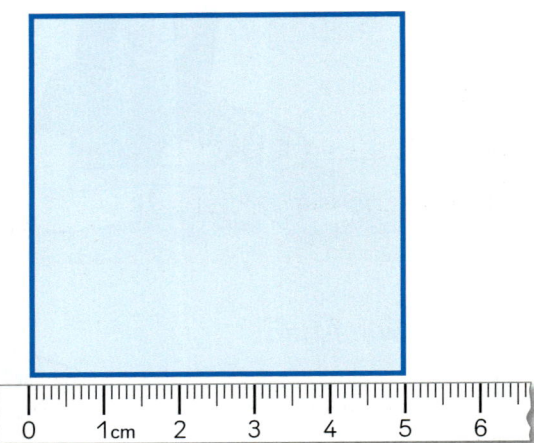

a) Wie können Dennis und Tim den Umfang bestimmen? Was müssen sie rechnen?

b) Wie könnte die Rechenaufgabe für das Rechteck heißen?

c) Wie könnte die Rechenaufgabe für das Quadrat heißen?

d) Präsentiert eure Ergebnisse an der Tafel.

2

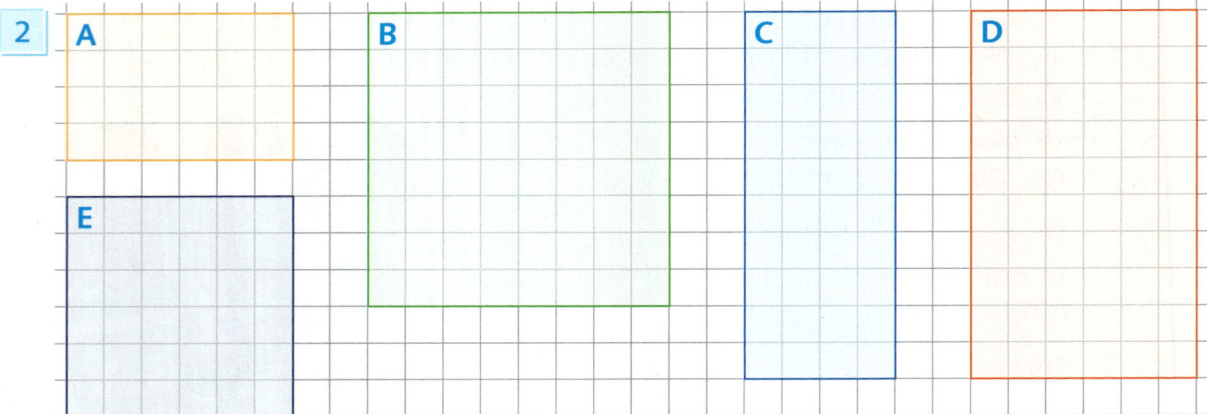

Mira hat mit dem Lineal das Rechteck A ausgemessen. Sie rechnet:

3 cm + 2 cm + 3 cm + 2 cm = 10 cm
Das Rechteck hat einen Umfang von 10 cm.

a) Miss alle Figuren aus und rechne im Kopf.

b) Schreibe die Aufgaben und Lösungen in dein Heft.

2 auch mit dem Geodreieck kann gemessen werden

3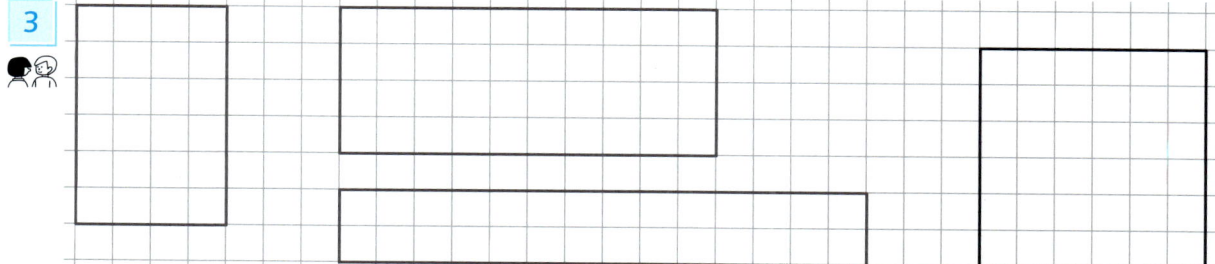

Zeichne mit dem Lineal vier verschiedene Rechtecke auf Rechenpapier.

a) Tausche mit deinem Partner.

b) Bestimme die Seitenlängen mit einem Lineal und berechne den Umfang.

c) Präsentiert eure Ergebnisse.

> Den Umfang einer Figur bestimmst du, indem du alle Seitenlängen addierst.

Auch hiermit kannst du messen:

4 Im Klassenraum findet ihr noch weitere Gegenstände, deren Umfang ihr bestimmen könnt. Schätzt zuerst, wie groß der Umfang sein könnte.
Messt dann genau mit Bindfaden und Lineal.
Tragt eure Ergebnisse in eine Tabelle ein und vergleicht sie untereinander.

Gegenstand	geschätzt	gemessen
Streichholzschachtel	6 cm	9 cm
Bild	30 cm	44 cm
...		

5 In der Schule messen

a) Sucht in der Schule oder auf dem Schulhof große Gegenstände, deren Umfang ihr berechnen könnt.

b) Schätzt zuerst, wie groß der Umfang sein könnte.

c) Dann messt mit einem passenden Hilfsmittel.

d) Schreibt eure Ergebnisse auf und präsentiert sie.

e) Wer hat den Gegenstand mit dem größten Umfang gefunden?

KÖRPER

Körper

1. Welche dieser Gegenstände sind Quader, Würfel, Kugeln, Zylinder? Begründe deine Antwort.

2. Finde weitere Beispiele.

3. Welcher dieser Gegenstände ist ein Quader, ein Würfel, eine Kugel, ein Zylinder?

   a)  b) 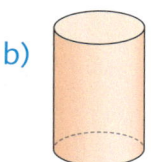 c) 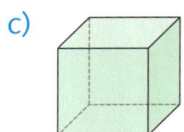 d)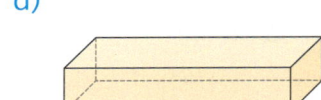

4. Mini-Werkstatt: Kunstwerke bauen

   Stellt selbst Quader, Würfel, Zylinder und Kugeln her.
   Baut aus ihnen ein Kunstwerk.

5 Fläche – Kante – Ecke

Fläche

Kante

Ecke

a) Übertrage die Tabelle in dein Heft. Zähle und ergänze.

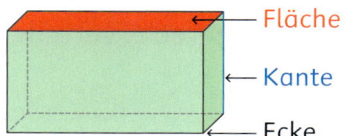

	Quader	Würfel	Zylinder
Flächen			
Kanten			
Ecken			

b) Warum fehlt die Kugel in der Tabelle?

6 Grundfläche: Bei diesen Körpern ist die Grundfläche gelb eingezeichnet.

> Die Fläche, auf der ein Körper steht, heißt Grundfläche.

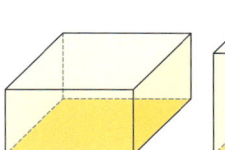 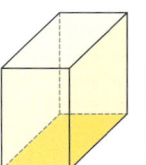 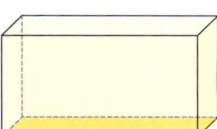

Was fällt dir auf?

7 Untersuche weitere Körper. Was fällt dir auf?

8 Welche Grundfläche gehört zu welchem Körper?

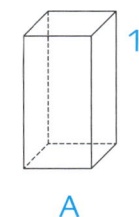 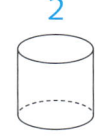 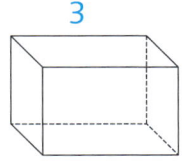  

1   2   3   4

A   B   C   D

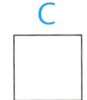

9 Mini-Werkstatt: Zeichne die Grundflächen verschiedener Körper mit einem Bleistift nach. Was stellst du fest?

DIVISION

Wiederholung Division

1

a) Wie können die Kinder …

die Mandarinen gerecht verteilen,   die Nüsse gerecht verteilen?

b) Es kommen noch 2 Kinder hinzu.

Wie viele Mandarinen kann jetzt jedes Kind bekommen? Bleibt etwas übrig?

Wie viele Nüsse kann jetzt jedes Kind bekommen? Bleibt etwas übrig?

c) An wie viele Kinder könntest du …

die Mandarinen ohne Rest verteilen,   die Nüsse ohne Rest verteilen?

2 Schreibe zu jeder Malaufgabe die Geteiltaufgaben auf.

```
5 · 6 = 30
30 : 6 = 5
30 : 5 = 6
```

a)	b)	c)	d)	e)
1 · 5	10 · 7	5 · 4	3 · 8	2 · 9
10 · 5	6 · 7	9 · 4	6 · 8	4 · 9
8 · 5	9 · 7	8 · 4	10 · 8	5 · 9

3 Rechne im Kopf.

a)	b)	c)	d)	e)	f)
8 : 4	24 : 6	15 : 3	15 : 5	8 : 2	7 : 7
12 : 4	42 : 6	30 : 3	30 : 5	20 : 2	35 : 7
24 : 8	45 : 9	12 : 2	16 : 4	18 : 3	2 : 2
48 : 8	90 : 9	24 : 4	64 : 8	18 : 9	21 : 3

4 Bilde Aufgabenfamilien.

a)   5   7   35

5 · 7 = ■   35 : 7 = ■
7 · 5 = ■   35 : 5 = ■

b)   6   8   48

6 · 8 = ■   48 : 8 = ■
8 · 6 = ■   48 : 6 = ■

5 Vergleiche. >, < oder =?

a) 45 : 9 ● 40 : 8
63 : 9 ● 35 : 7
27 : 9 ● 16 : 4
18 : 9 ● 18 : 3
81 : 9 ● 90 : 9

b) 35 : 7 ● 20 : 2
49 : 7 ● 15 : 3
56 : 7 ● 72 : 8
21 : 7 ● 14 : 7
70 : 7 ● 27 : 3

c) 10 : 5 ● 20 : 4
24 : 4 ● 18 : 6
18 : 2 ● 81 : 9
18 : 3 ● 25 : 5
35 : 5 ● 35 : 7

6 Familie Onat hat 4 Kinder. Die Kinder bekommen ihr Taschengeld.
Mutter Onat hat einen 20-€-Schein.
Wie kann sie ihn wechseln, damit jedes gleich viel Geld bekommt?

7 Tante Emma kommt zu Besuch. Sie bessert das Taschengeld der Kinder auf.
Sie schenkt jedem ihrer vier Neffen 6 €.

a) Sie hatte 60 € im Portmonee. Wie viel Geld behält sie übrig?

b) Die zwei großen Nichten kommen auch.
Wie viel Euro könnte sie ihnen schenken?

c) Wie alt ist Tante Emma?

8 Wir teilen mit System.

a)
		2	:	2	=			1
	2	0	:	2	=		1	0
2	0	0	:	2	=	1	0	0
		6	:	2	=			3
	6	0	:	2	=			
6	0	0	:	2	=			

b) 3 : 3
30 : 3
300 : 3

c) 9 : 3
90 : 3
900 : 3

d) 8 : 2
80 : 2
800 : 2

e) 7 : 7
70 : 7
700 : 7

f) 8 : 4
80 : 4
800 : 4

g) 8 : 8
80 : 8
800 : 8

h) 9 : 9
90 : 9
900 : 9

i) 6 : 3
60 : 3
600 : 3

9
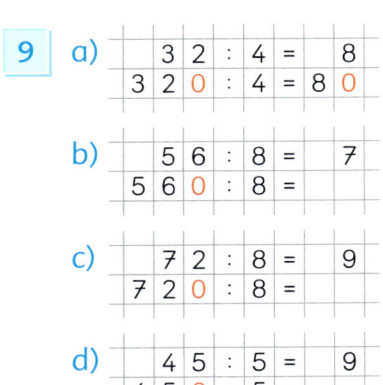

45 : 9
450 : 9

24 : 6
240 : 6

18 : 9
180 : 9

21 : 3
210 : 3

27 : 3
270 : 3

42 : 6
420 : 6

36 : 9
360 : 9

49 : 7
490 : 7

54 : 9
540 : 9

48 : 6
480 : 6

18 : 2
180 : 2

28 : 4
280 : 4

63 : 7
630 : 7

18 : 6
180 : 6

64 : 8
640 : 8

36 : 4
360 : 4

Halbschriftliche Division

Fatima hat Esskastanien gesammelt.
Sie hat 65 Kastanien in ihrem Rucksack.
Sie will sie mit ihren 4 Freunden teilen.

Fatima schreibt:

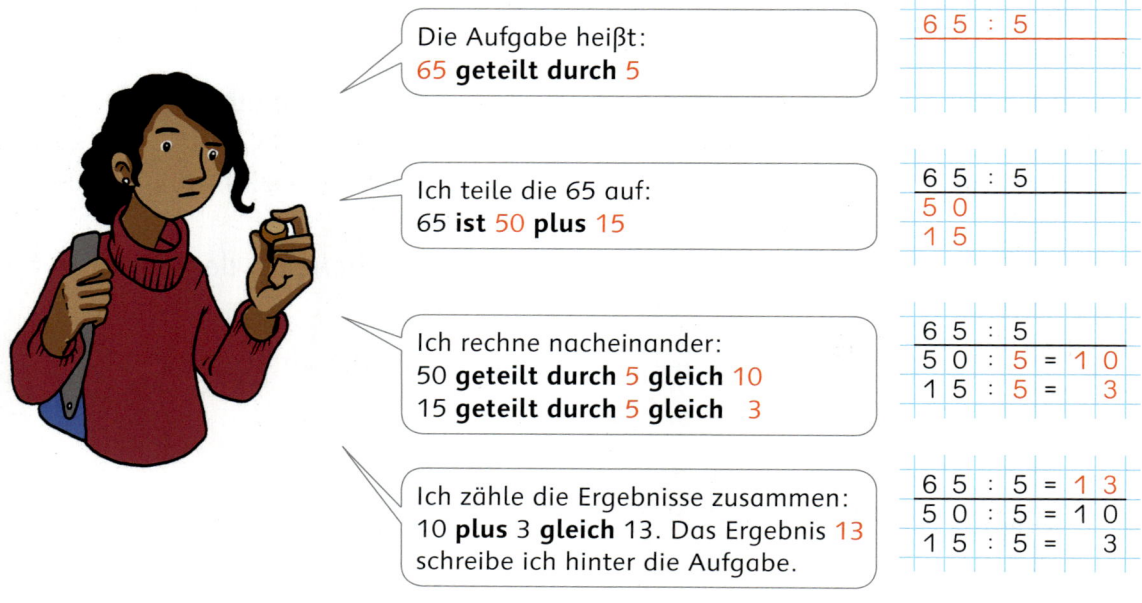

Die Aufgabe heißt:
65 **geteilt durch** 5

Ich teile die 65 auf:
65 **ist** 50 **plus** 15

Ich rechne nacheinander:
50 **geteilt durch** 5 **gleich** 10
15 **geteilt durch** 5 **gleich** 3

Ich zähle die Ergebnisse zusammen:
10 **plus** 3 **gleich** 13. Das Ergebnis 13
schreibe ich hinter die Aufgabe.

Jeder erhält 13 Esskastanien.

1 Rechne wie Fatima. Es sind 5 Personen.

a) 75 Kastanien werden verteilt.   b) 90 Nüsse werden verteilt.

c) 80 Kastanien werden verteilt.   d) 95 Nüsse werden verteilt.

2
a)	b)	c)	d)	e)
33 : 3	48 : 4	66 : 6	55 : 5	54 : 3
39 : 3	56 : 4	78 : 6	60 : 5	102 : 6
45 : 3	64 : 4	90 : 6	65 : 5	60 : 4
51 : 3	72 : 4	96 : 6	70 : 5	60 : 5
57 : 3	76 : 4	108 : 6	75 : 5	114 : 6

3
a)	b)	c)	d)	e)
24 : 2	84 : 7	96 : 8	99 : 9	26 : 2
28 : 2	98 : 7	112 : 8	117 : 9	104 : 8
32 : 2	105 : 7	120 : 8	135 : 9	34 : 2
36 : 2	119 : 7	136 : 8	144 : 9	128 : 8
38 : 2	133 : 7	144 : 8	162 : 9	108 : 9

4 Erstelle eine Rechenhilfe: Übertrage die Reihen in dein Heft und führe sie weiter.

20	30	40	50	60	70	80	90
40	60	80	100	120	140		
60	90						

5 Nutze deine Rechenhilfe.

a) 80 : 2
   120 : 2
   160 : 2
   90 : 3
   150 : 3

b) 120 : 4
   280 : 4
   320 : 4
   200 : 5
   350 : 5

c) 180 : 6
   360 : 6
   480 : 6
   210 : 7
   420 : 7

d) 240 : 8
   560 : 8
   640 : 8
   360 : 9
   630 : 9

e) 180 : 2
   270 : 3
   540 : 6
   810 : 9
   360 : 4

Fatima rechnet. Sie zerlegt geschickt.
Sie möchte 368 durch 8 teilen.

Fatima schreibt:

Die Aufgabe heißt:
368 **geteilt durch** 8

```
3 6 8 : 8
```

Ich sage mir die 80er-Reihe auf:
80, 160, 240, 320, 400.
400 ist zu viel, 320 passt.
Jetzt kann ich 368 geschickt aufteilen
in 320 **plus** 48.

```
3 6 8 : 8
3 2 0
  4 8
```

Ich rechne nacheinander:
320 **geteilt durch** 8 **gleich** 40
 48 **geteilt durch** 8 **gleich** 6

```
3 6 8 : 8
3 2 0 : 8 = 4 0
  4 8 : 8 =     6
```

Ich zähle die Ergebnisse zusammen:
40 **plus** 6 **gleich** 46. Das Ergebnis 46
schreibe ich hinter die Aufgabe.

```
3 6 8 : 8 = 4 6
3 2 0 : 8 = 4 0
  4 8 : 8 =     6
```

6 Zerlege geschickt und rechne. Fertige nach Bedarf weitere Rechenhilfen an.

a) 128 : 8
   152 : 8
   264 : 8
   512 : 8
   584 : 8

b) 296 : 4
   336 : 4
   364 : 4
   235 : 5
   475 : 5

c) 192 : 6
   264 : 6
   408 : 6
   189 : 7
   273 : 7

d) 288 : 9
   495 : 9
   837 : 9
   395 : 5
   434 : 7

e) 198 : 2
   198 : 3
   198 : 6
   372 : 4
   360 : 8

GELD

Euro und Cent

1 a) Welche Spielzeuge kosten ungefähr 10 €?

b) Welche Spielzeuge kosten etwa 30 €?

2 Lena kauft sich Rollerblades und Gelenkschützer. Wie viel bezahlt sie?

Sie rechnet zuerst im Kopf …  Ich brauche ungefähr 28 € und 9 € … … und dann genau.

€		ct	
2	7	4	9
+	9	1	0
			9

3 Lisa hat 43,86 € gespart. Sie kauft sich einen Puzzleball. Wie viel Geld hat sie noch?

Rechne zuerst im Kopf … 44 € − 13 € = … und dann genau.

€		ct	
4	3	8	6
− 1	2	5	9

4 Ole möchte das Uno-Spiel und das Halli-Galli-Spiel kaufen. Er hat noch 15 € Taschengeld. Reicht das Geld?

5 Murat hat von seinem Opa einen 20-€-Schein bekommen. Kann er dafür 3 Fußbälle für sich und seine Brüder kaufen? Begründe.

6 Ali und seine Mutter kaufen das Fußballtor für den Garten. Sie bezahlen mit einem 100-€-Schein. Wie viel bekommen sie ungefähr zurück?

7 Erzähle.

1 Euro = 100 Cent
1 € = 100 ct

8 a) Schreibe in ct: 5 €, 8 €, 2 €, 4 €, 10 €.

b) Schreibe in €: 600 ct, 700 ct, 300 ct, 900 ct, 100 ct.

9 Du kannst Geldbeträge in eine Stellenwerttafel eintragen.
Das hilft dir beim Umrechnen von € in ct und umgekehrt.

	€	ct	
700 ct	7	0 0	700 ct = 7,00 €
532 ct	5	3 2	532 ct = 5,32 €
491 ct	4	9 1	491 ct = 4,91 €
279 ct			
826 ct			

Der rote Strich trennt € und ct. Wenn du den Betrag in € schreibst, muss dort ein Komma gesetzt werden.

Übertrage ins Heft und ergänze.

10 Schreibe die Beträge in eine Stellenwerttafel und rechne in € um.

a) 380 ct, 470 ct, 530 ct, 910 ct

b) 610 ct, 280 ct, 300 ct, 840 ct

c) 526 ct, 499 ct, 875 ct, 312 ct

€	ct	
3	8 0	3 8 0 ct = 3,8 0 €
4	7 0	

11 Schreibe die Beträge in eine Stellenwerttafel und rechne in ct um.

a) 8,50 €; 2,50 €; 6,30 €; 5,20 €

b) 3,90 €; 1,40 €; 8,50 €; 4,30 €

c) 5,70 €; 7,49 €; 6,14 €; 8,79 €

€	ct	
8	5 0	8,5 0 € = 8 5 0 ct
2	5 0	

Addition und Subtraktion von Geldbeträgen

1 Rechne zuerst im Kopf und dann genau.

a) 5,60 € + 3,20 €
2,40 € + 9,30 €
8,60 € − 4,40 €
7,50 € − 1,90 €

b) 6,87 € − 4,55 €
2,43 € + 3,51 €
1,04 € + 6,85 €
3,79 € − 1,41 €

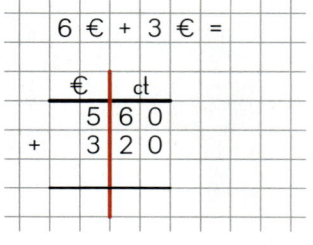

🔑 2,32 € 2,38 € 4,20 € 5,60 € 5,94 € 7,89 € 8,80 € 11,70 € 13,75 €

2 Mona soll für ihr Kaninchen neues Futter und Streu für den Käfig einkaufen. Sie erstellt einen Einkaufszettel und überlegt, dass sie etwa 20 € braucht.
Wie viel gibt sie genau aus?

HAUPTFUTTER 8,44 €
HEU 1,35 €
KNABBERSTANGEN 1,79 €
GROSSE PACKUNG STREU 9,52 €

3 Monas Oma kauft für den Käfig noch einen neuen Napf für 3,70 €, eine Tränke für 5,73 € und ein Häuschen für 10,10 €. Wie viel hat sie ausgegeben?

4 Murat hat von seinem Taschengeld 39,79 € gespart. Er kauft für sein Aquarium neue Fische für 25,59 €. Wie viel Geld hat er dann noch?

5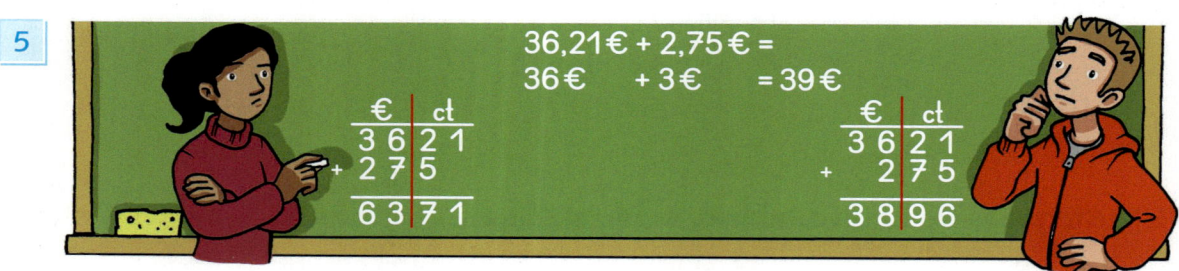

Was hat Fatima falsch gemacht?

6 Rechne zuerst im Kopf und dann genau. Kontrolliere mit dem Taschenrechner.

a) 42,10 € + 4,70 €
89,50 € − 6,30 €
74,20 € + 2,60 €
29,90 € − 3,80 €
67,70 € − 5,10 €

b) 17,10 € + 9,40 €
85,80 € − 3,40 €
35,70 € − 1,60 €
62,40 € + 7,50 €
42,20 € + 1,60 €

> Schreibe Komma unter Komma. Beginne bei den Cent.

7 Paul hat in seinem Sparschwein 79,51 €.
Nun möchte er sich ein neues PC-Spiel für seinen Computer kaufen.
Reicht das restliche Geld, um sich noch die kabellose Maus zu kaufen?

8 Anna wünscht sich zum Geburtstag die Prinzessinnen-Tastatur für ihren Computer. Außerdem braucht sie DVDs und CD-Hüllen jeweils im 50er-Pack. Wie viel müsste ihre Mutter dafür bezahlen?

9 Lena braucht neue DVDs für ihre Fotos. Sie kauft sich einen 50er-Pack DVDs und zwei 10er-Packs CD-Hüllen. Wie viele Fotos passen auf eine DVD?

10 Ole kauft sich die Piraten-Tastatur und eine einfache Maus.
Wie viel Wechselgeld bekommt er, wenn er mit einem 50-€-Schein bezahlt?

11 Murat möchte sich die kabellose Maus und die Piraten-Tastatur kaufen.
Wie viel würde er sparen, wenn er stattdessen die einfache Maus
und die einfache Tastatur kaufen würde?

12 Schreibe zuerst in Euro und rechne dann.

420 Cent sind 4,20 Euro.

a) 3,50 € + 420 ct
6,80 € − 370 ct
2,10 € + 780 ct
8,10 € + 450 ct
5,90 € − 260 ct

b) 1,40 € + 810 ct
7,60 € + 220 ct
4,70 € − 110 ct
9,50 € − 430 ct
2,40 € + 520 ct

c) 4,60 € + 360 ct
9,50 € − 270 ct
3,80 € − 190 ct
5,60 € + 380 ct
7,30 € − 290 ct

d) 8,20 € − 590 ct
3,90 € + 480 ct
2,70 € + 360 ct
9,40 € − 280 ct
4,80 € + 360 ct

e) Finde selbst Aufgaben.

3,50 € + 4 2 0 ct =

3,50 € + 4,20 € =

€	ct
3	5 0
+ 4	2 0

⊙— 1,90 € 2,30 € 3,10 € 3,30 € 3,60 € 4,40 € 5,20 € 6,30 € 6,60 € 6,80 € 7,40 € 7,60 € 7,70 € 8,20 € 8,40 € 8,70 € 9,40 € 9,50 € 9,80 € 9,90 € 12,60 €

Ergänzen von Geldbeträgen

1 Erzähle.

8	1	ct	+	1	9	ct	=	1	€
5	2	ct	+			ct	=	1	€

1 Euro = 100 Cent
1 € = 100 ct

2 Wie viele Cent fehlen bis zum vollen Euro? Ergänze. | 4 | 2 | ct | + | 5 | 8 | ct | = | 1 | 0 | 0 | ct |

a) 42 ct   38 ct   94 ct   15 ct   9 ct

b) 12 ct   44 ct   83 ct   59 ct   6 ct

c) Finde selbst Aufgaben.

42 Cent plus 8 Cent und dann noch 50 Cent dazu …

3 Wie viele Cent fehlen bis zum nächsten vollen Euro? Ergänze.

Von 90 Cent bis 100 Cent fehlen …

a) 1,90 €   1,30 €   1,40 €   1,20 €   1,50 €

b) 5,70 €   6,10 €   2,80 €   4,60 €   8,30 €

c) 8,85 €   2,55 €   2,25 €   7,35 €   6,95 €

d) Finde selbst Aufgaben.

4 Übertrage ins Heft und ergänze.

a)
Preis	bezahlt	Wechselgeld
5,40 €	6 €	
8,60 €	9 €	
24,50 €	25 €	
13,70 €	15 €	
18,40 €	20 €	

b)
Preis	bezahlt	Wechselgeld
6,60 €		40 ct
17,80 €		20 ct
15,10 €		4,90 €
38,30 €		1,70 €
22,50 €		2,50 €

5 Dennis braucht neue Faserstifte und zwei Textmarker für die Schule. Ein Textmarker kostet 1,19 €. Die große Packung Faserstifte kostet 9,30 €. Da er nur einen 10-€-Schein dabei hat, kann er heute nur die Faserstifte kaufen. Wie viel Wechselgeld bekommt er zurück?

Multiplikation und Division von Geldbeträgen

1 Für Murat und seine Brüder werden 3 neue Jeans gekauft. Wie viel kosten die drei Hosen zusammen?

```
28 · 3 =
20 · 3 = 60
 8 · 3 = 24
```

2 Mona, Lena und Lisa kaufen sich zusammen 7 neue T-Shirts. Sie bezahlen 84 €. Haben sie einfarbige oder bedruckte T-Shirts gekauft?

3 Frau Schulz kauft für jedes ihrer 4 Kinder eine neue Jacke und 2 Blusen. Wie viel muss sie bezahlen?

4 Anna hat im Schlussverkauf genau 56 € bezahlt. Welche Kleidungsstücke könnte sie dafür gekauft haben?

5 Vier Spieler aus Pauls Fußballmannschaft brauchen neue T-Shirts für das Training. Paul darf für jeden dieser Spieler zwei einfarbige T-Shirts kaufen. Wie viel Geld muss ihm der Trainer für den Einkauf mitgeben?

6 Erfinde zu den Aufgaben Rechengeschichten.

a) 12 € · 4   b) 49 € · 4   c) 27 € : 9   d) 18 € · 2   e) 91 € : 7

7 Rechne. Kontrolliere mit dem Taschenrechner.

a) 52 € · 4   b) 91 € · 6   c) 24 € · 3   d) 96 € : 8   e) 344 € : 8
   86 € : 2   74 € · 2   86 € : 2   92 € · 4   ★ 441 € : 7
   73 € · 3   76 € : 4   61 € · 2   90 € : 6   174 € : 2
   98 € : 7   61 € · 7   65 € : 5   72 € · 3   738 € : 9

Projekt „Klassenfrühstück"

1 Erstelle eine Einkaufsliste.

2 Wie viel wird der Einkauf ungefähr kosten? Entscheide und begründe.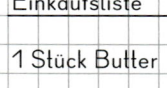

3 Wie viel kosten die 3 Becher Joghurt?

4 Wie viel kosten die 2 Packungen Wurst?

5 Tim und Fatima kaufen die Wurst, die Butter, den Joghurt und die Milch. Wie viel bezahlen sie?

die Aufgaben des Projekts können mit dem Taschenrechner kontrolliert werden

6 Ina kauft die Äpfel und die Gurken im Obst- und Gemüseladen.
Wie viel haben die Äpfel gekostet?

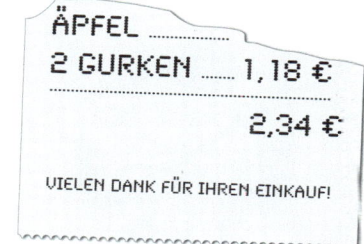

7 ⭐ Die Brötchen kauft Paul beim Bäcker.
Er bezahlt 2,50 €. Dennis bringt das Müsli mit.
Es hat 2,79 € gekostet.
Wie viel kostet das Frühstück insgesamt?

8 Das Frühstück wird von der Klassenkasse bezahlt. Vor dem Einkauf waren noch 57,81 € in der Kasse. Wie viel Geld ist nach dem Einkauf übrig?

9 a) Oles Mutter hat für das Frühstück 2 Liter Apfelsaft und 1 Liter Orangensaft spendiert.
Wie viel hat sie bezahlt?

b) Für einen schönen Frühstückstisch schickt sie noch ein paar Blumen mit.
Wie viel haben die 10 Tulpen gekostet?

c) Wie viel hat Oles Mutter insgesamt ausgegeben?

10 Du möchtest mit deiner Klasse frühstücken.
Erstelle deine Einkaufsliste.

Einkaufsliste
5 Brötchen
1 Stück Butter
10 Scheiben Wurst

Einkaufsliste
4 Äpfel
2 Orangen
1 Packung Müsli

11 Wie viel würde dein Klassenfrühstück ungefähr kosten? Begründe!

12  Und wie viel bezahlt ihr?

Vergleiche die Kosten für dein Klassenfrühstück mit den Kosten, die du in Aufgabe 2 geschätzt hast.

13 Organisiert euer eigenes Klassenfrühstück.

Informiert euch dazu in verschiedenen Supermärkten:
Was kosten die Dinge auf eurer Einkaufsliste?

Wie viel wird euer Frühstück dann insgesamt kosten?

Wo könnt ihr am günstigsten einkaufen?

LÄNGEN

Wiederholung Längen

1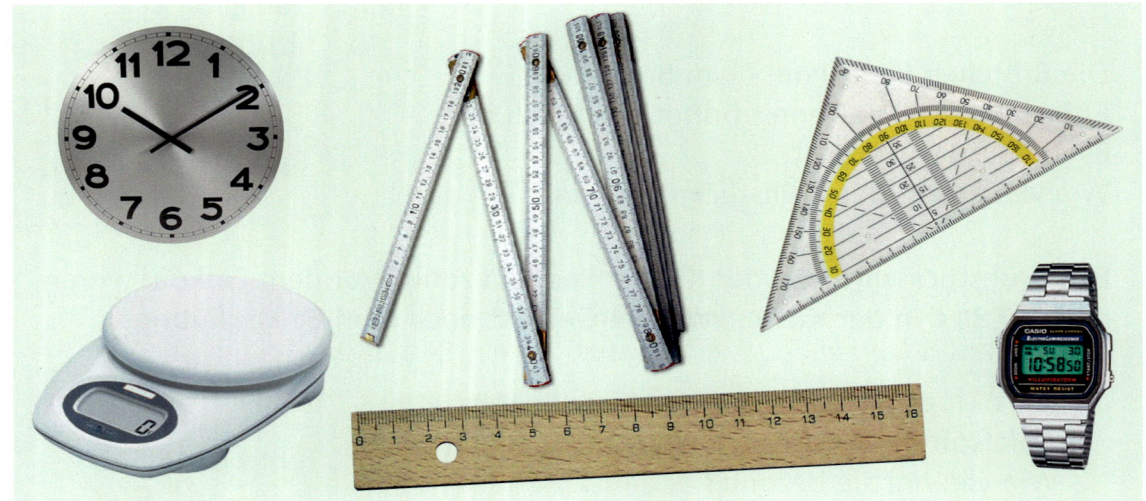

a) Wie heißen die Messgeräte?

b) Womit kannst du die Länge messen?

c) Kennst du weitere Geräte zum Messen der Länge?

2 Suche alle Längenangaben heraus. Schreibe sie ins Heft.

15 mm	48 cm	2 kg		39 cm	714 m
456 g	992 cm	66 km	8 min	362 €	378 kg

3 Welche Länge stimmt? Begründe.

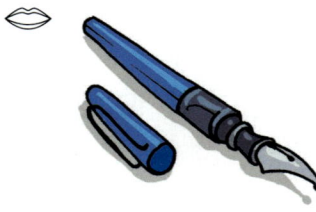

| 12 cm | 24 cm | | 2 m | 4 m | | 2 cm | 10 cm | | 5 cm | 5 mm |

4 Übertrage die Tabelle in dein Heft.

a) Finde passende Gegenstände.

b) Prüfe mit Lineal oder Maßband.

1 cm	10 cm	1 m
		Tafellineal

Zeichnen und Messen

1 a) Finde Gegenstände, die dünner als 1 cm sind.
Miss nach und schreibe auf.

b) Nimm fünf verschiedene Stifte aus deiner Federtasche.
Schätze ihre Länge. Miss genau.
Schreibe in cm und mm.

Lege immer bei Null an.

2 Zeichne die Strecken in dein Heft.
Verwende dazu ein Lineal.

a) 10 cm   2 cm   5 cm   8 cm   14 cm

b) 4 cm 5 mm   9 cm 2 mm   12 cm 3 mm   1 cm 8 mm

3 Wie lang sind diese Strecken?

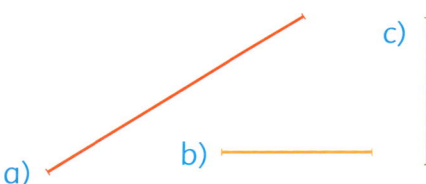
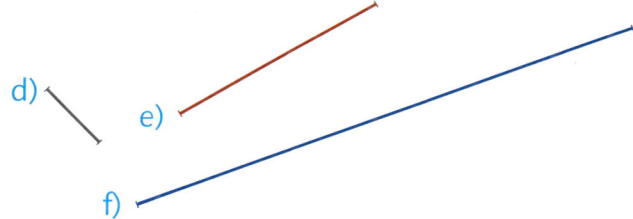

4 Zeichne verschiedene Strecken in dein Heft. Lass deinen Partner messen.

5 Zeichnen und Messen auf dem Schulhof

Zeichnet eure eigenen Spiele auf den Schulhof.
Überlegt vorher:
– Was benötigt ihr, um Geraden zu zeichnen?
– Wie groß soll eure Zeichnung ungefähr werden?

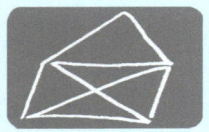 Messt die verschiedenen Strecken nach.
Markiert die längste
und die kürzeste Strecke farbig.

Zentimeter und Millimeter

1 Erzähle.

Lass uns genau messen und in Zentimeter und Millimeter schreiben.

Die Strecke ist fast 5 Zentimeter lang.

1 Zentimeter = 10 Millimeter
1 cm = 10 mm

2 a) Schreibe in mm: 5 cm   9 cm   17 cm   4 cm 3 mm   52 cm 8 mm

  b) Schreibe in cm: 60 mm   40 mm   280 mm   760 mm   810 mm

  c) Schreibe in cm und mm: 52 mm   14 mm   94 mm   563 mm   789 mm

3 Du kannst Längen in eine Stellenwerttafel eintragen.
Das hilft dir beim Umrechnen von mm in cm und umgekehrt.

	cm	mm
74 mm	7	4
36 mm	3	6
294 mm	2	9	4
58 mm		
713 mm		

74 mm = 7,4 cm
36 mm = 3,6 cm
294 mm = 29,4 cm

Der rote Strich trennt cm und mm. Wenn du die Länge in cm schreibst, muss dort ein Komma gesetzt werden.

Übertrage ins Heft und ergänze.

4 Schreibe die Längen in eine Stellenwerttafel und rechne in cm um.

cm	mm
3	5

3 5 mm = 3,5 cm

a) 35 mm
71 mm
68 mm
94 mm
23 mm

b) 89 mm
37 mm
16 mm
55 mm
41 mm

c) 264 mm
843 mm
572 mm
991 mm
407 mm

5 Schreibe die Längen in eine Stellenwerttafel und rechne in mm um.

a) 4,2 cm b) 8,7 cm c) 13,2 cm
   6,5 cm   2,4 cm   94,6 cm
   8,8 cm   9,3 cm   65,1 cm
   1,9 cm   7,6 cm   82,2 cm
   5,3 cm   4,8 cm   37,9 cm

cm	mm				
4	2		4,2 cm = 4 2 mm

6 Wie lang sind die Strecken? Gib die Länge in 3 verschiedenen Schreibweisen an.

a)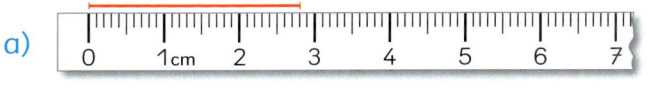

b)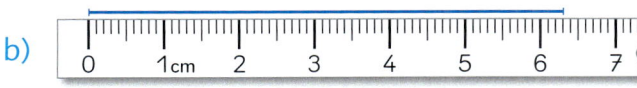

c)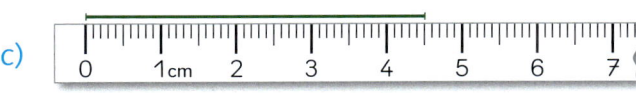

d)

e)

f)

	mm	cm und mm	cm
a)	2 8 mm	2 cm 8 mm	2,8 cm
b)			
c)			
d)			
e)			
f)			

7 Schreibe in mm. Vergleiche. >, < oder =?

a) 4,7 cm ● 57 mm   b) 32 mm ● 3,2 cm   c) 8,2 cm ● 92 mm
   13 mm ● 2,3 cm   56 mm ● 6,5 cm   52 mm ● 5,8 cm
   98 mm ● 8,9 cm   2,4 cm ● 24 mm   7,7 cm ● 87 mm
   6,1 cm ● 61 mm   85 mm ● 8,7 cm   23 mm ● 3,2 cm
   37 mm ● 4,6 cm   7,1 cm ● 70 mm   48 mm ● 4,8 cm

8 Schreibe in mm. Ordne.

a) Beginne mit der kürzesten Strecke.
   26,5 cm   284 mm   235 mm   262 mm   28,9 cm

b) Beginne mit der längsten Strecke.
   743 mm   78,2 cm   74,1 cm   769 mm   76,8 cm

9 Zeichne die Strecken in dein Heft.

a) 3,4 cm   6,1 cm   9,7 cm   5,3 cm

b) 14,2 cm   12,8 cm   17,3 cm   16,9 cm

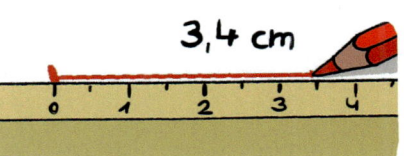

Meter und Zentimeter

1 Erzähle.

1 Meter = 100 Zentimeter
1 m = 100 cm

2 a) Schreibe in cm: 7 m   3 m   8 m   2 m   6 m

b) Schreibe in m: 500 cm   100 cm   300 cm   400 cm   900 cm

3 a) Schreibe in cm: 4 m 50 cm   3 m 26 cm   7 m 92 cm   6 m 84 cm   2 m 7 cm

b) Schreibe in m und cm: 385 cm   152 cm   798 cm,   433 cm   506 cm

4 Schreibe in cm. Ordne. Beginne mit dem kürzesten Beet.

| Radieschen 3 m 17 cm | Kräuter 420 cm | Bohnen 2 m 80 cm | Tulpen 4 m 65 cm | Tomaten 278 cm | Krokusse 370 cm |

5 Du kannst Längen in eine Stellenwerttafel eintragen.
Das hilft dir beim Umrechnen von cm in m und umgekehrt.

	m	cm	
600 cm	6	0 0	600 cm = 6,00 m
849 cm	8	4 9	849 cm = 8,49 m
371 cm	3	7 1	371 cm = 3,71 m
125 cm			
437 cm			

Der rote Strich trennt m und cm. Wenn du die Länge in m schreibst, muss dort ein Komma gesetzt werden.

Übertrage ins Heft und ergänze.

6 Schreibe die Längen in eine Stellenwerttafel und rechne in m um.

a) 760 cm
   290 cm
   380 cm

b) 845 cm
   637 cm
   916 cm

c) 380 cm
   513 cm
   792 cm

m	cm
7	6 0

760 cm = 7,60 m

7 Schreibe die Längen in eine Stellenwerttafel und rechne in cm um.

m	cm
2	8 0

2,80 m = 2 8 0 cm

a) 2,80 m
   9,70 m
   4,10 m

b) 1,94 m
   5,72 m
   8,66 m

c) 4,69 m
   8,35 m
   7,71 m

8 Im Schulgarten haben die Kinder der Klasse 5a Feuerbohnen gepflanzt. Sie wetten: Die Pflanze, die zuerst einen Meter groß ist, hat gewonnen.

Meine ist schon 85 Zentimeter gewachsen.

Bei mir sind es 92 Zentimeter.

Ich habe nur 64 Zentimeter.

Meine Pflanze ist 73 Zentimeter groß.

Wie viele Zentimeter fehlen noch?

9 Wie viele Zentimeter fehlen bis zum vollen Meter? Ergänze.

a) 47 cm   86 cm   39 cm   74 cm   95 cm

b) 29 cm   67 cm   13 cm   82 cm   4 cm

c) Finde selbst Aufgaben.

4 7 cm + 5 3 cm = 1 0 0 cm

47 und 3 und dann noch 50 Zentimeter dazu …

10 Wie viele Zentimeter fehlen bis zum nächsten vollen Meter? Ergänze.

Von 41 Zentimeter bis 100 Zentimeter fehlen …

a) 6,41 m   7,81 m   9,25 m   2,37 m

b) 8,53 m   6,78 m   1,94 m   5,19 m

c) Finde selbst Aufgaben.

Addition und Subtraktion von Längen

1 Rechne zuerst im Kopf und dann genau.

a) 5,32 m + 3,24 m
7,85 m − 5,41 m
4,17 m + 2,70 m
3,54 m + 8,13 m
9,79 m − 1,56 m

b) 8,75 m − 4,48 m
⭐ 1,26 m + 5,92 m
6,58 m + 1,17 m
2,48 m + 5,91 m
9,39 m − 6,74 m

5	m	+	3	m	=
	m			cm	
	5		3	2	
+	3		2	4	

🔑 2,44 m 2,65 m 3,52 m 4,27 m 6,87 m 7,18 m 7,75 m 8,23 m 8,39 m 8,56 m 11,67 m

2 Schreibe zuerst in Zentimeter und rechne dann.

2,46 m sind 246 cm.
Dann kann ich rechnen:
246 cm + 530 cm

a) 2,46 m + 530 cm
6,75 m + 310 cm
1,32 m + 730 cm
9,84 m − 250 cm
7,67 m − 540 cm

b) 5,21 m + 290 cm
⭐ 4,15 m − 240 cm
6,46 m − 180 cm
1,87 m + 750 cm
4,93 m + 360 cm

🔑 175 cm 227 cm 466 cm 734 cm 753 cm 776 cm 811 cm 853 cm 862 cm 937 cm 985 cm

3 Mira und Tim basteln aus Draht verschiedene Figuren.
Auf der Drahtrolle sind noch 15,70 m.
Mira braucht für ihre Herzen insgesamt 4,55 m.
Tim will verschiedene Zapfen herstellen
und braucht 9,80 m.

a) Wie viel Draht brauchen beide Kinder zusammen?

b) Wie viel Draht ist nach ihren Bastelarbeiten noch auf der Rolle?

4 Auf dem Pausenhof machen die Kinder der Klasse 5b einen Wettbewerb im Kirschkernweitspucken. Je zwei Kinder bilden ein Team und rechnen ihre Weiten zusammen.

a) Berechne für jedes Team die Gesamtweite.

b) Ordne die Teams nach ihrer Gesamtweite. Welches Team hat gewonnen?

c) Wie groß ist der Unterschied zwischen dem Sieger und dem letzten Team?

TEAM 1:
PAUL 2,82 m
ÖMER 3,64 m
TEAM 2:
LENA 4,29 m
LISA 3,58 m
TEAM 3:
MURAT 3,81 m
ANNA 3,94 m
TEAM 4:
FATIMA 3,40 m
OLE 4,36 m

Multiplikation und Division von Längen

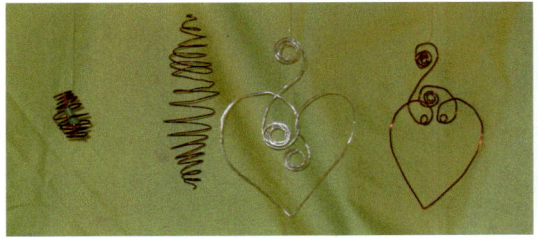 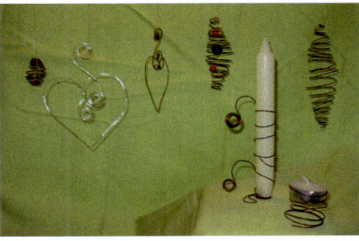 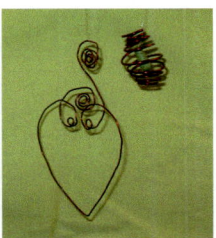

Die Kinder der Klasse 5b basteln verschiedene Figuren aus Draht.

1 Für ein Herz braucht Lena 60 cm Draht. Sie stellt 8 Stück her.
Wie viele Zentimeter Draht verbraucht sie? Wie viele Meter sind das?

2 Anna möchte etwas größere Figuren herstellen
und braucht pro Stück 85 cm Draht. Sie stellt 7 Stück her.
Wie viele Zentimeter Draht braucht sie? Wie viele Meter sind das?

3 Lisa und Dennis möchten lieber Zapfen herstellen. Ein großer Zapfen wird aus 120 cm Draht geformt. Für einen kleinen Zapfen sind nur 80 cm notwendig. Jedes Kind hat 720 cm Draht verbraucht.

a) Wie viele große Zapfen hat Dennis geformt?

b) Wie viele kleine Zapfen wurden von Lisa geformt?

4 Ömer hat zwei Teelichthalter gebaut. Dafür brauchte er jeweils 190 cm Draht. Weil er die Teelichthalter schön findet, möchte Murat 3 Stück für seine Mutter bauen. Wie viel Draht braucht Murat noch?

5 Oles Zimmer soll renoviert werden. Sein Vater hat ausgerechnet, dass er 13 Tapetenrollen braucht.

a) Eine Tapetenrolle ist 10 m lang.
Wie viele Meter Tapete haben sie jetzt?

b) Ole schneidet die Bahnen auf 3 m Länge.
Wie viele Bahnen erhält er aus einer Rolle?
Wie viel Tapete bleibt übrig?

c) Ole möchte noch eine Bordüre über die Tapete kleben. Er braucht 21 m seiner Lieblingsbordüre. Eine Rolle hat 5 m. Wie viele Rollen muss er kaufen?

Kilometer

1 Erzähle.

Von der Schule bis hierher sind es ungefähr 800 Meter. Du musst noch ein bisschen weiter laufen.

Dann ist ja mein Schulweg länger als ein Kilometer.

1 Kilometer = 1 000 Meter
1 km = 1 000 m

2 a) Wie lang ist ein Kilometer? Lauft in der Umgebung eurer Schule einen Kilometer und führt Protokoll.

b) Wie lang brauchst du, um einen Kilometer zu laufen?

c) Teste beim Sport: Wie viel Zeit brauchst du, wenn du einen Kilometer rennst?

	Wo sind wir?	Zeit
100 m		
200 m		
300 m		
400 m		
500 m		
600 m		
700 m		
800 m		
900 m		
1 000 m		

3 a) Wie lang ist dein Schulweg? Schätze zuerst und informiere dich dann genau.

b) Erstellt eine Klassenliste alle Schulwege. Wer hat den längsten Schulweg?

4

500 m	1 km	10 km

Übertrage die Tabelle in dein Heft. Finde Strecken, die ungefähr passen. Informiere dich im Internet, ob deine Schätzung stimmt.

a) Beginne an deiner Schule.

b) Beginne bei dir zu Hause.

2 Möglichkeiten zum Messen: Wollknäuel, Messrad, Fahrrad mit Tachometer

Kilometer und Meter

1 Die Kinder der Klasse 5b sollen 1 km laufen. Eine Stadionrunde ist 400 m lang.

a) Wie weit sind sie schon gelaufen?

b) Wie viele Meter fehlen noch?

Zwei Runden habt ihr schon geschafft.

2 Wie viele Meter fehlen bis zum vollen Kilometer? Ergänze.

6	0	0	m	+				=	1	0	0	0	m
4	0	0	m	+				=	1	0	0	0	m

a) 600 m   b) 450 m   c) 546 m
   400 m   380 m   831 m
   200 m   640 m   492 m
   700 m   230 m   175 m
   900 m   910 m   693 m

🗝 90 m   100 m   169 m   207 m   300 m   307 m   360 m   400 m   454 m   508 m   550 m   600 m   620 m
770 m   800 m   825 m

3 Du kannst Längen in eine Stellenwerttafel eintragen.
Das hilft dir beim Umrechnen von km in m und umgekehrt.

km	m		
5	3	2	7
8	4	1	9

5 km 327 m   5 km 327 m = 5,327 km
8 km 419 m   8 km 419 m = 8,419 km
2 km 658 m
9 km 172 m
6 km 924 m

Der rote Strich trennt km und m. Wenn du die Länge in km schreibst, muss dort ein Komma gesetzt werden.

Übertrage ins Heft und ergänze.

4 Schreibe die Längen in eine Stellenwerttafel und rechne in km um.

km	m		
7	3	0	0

7 km 300 m = 7,300 km

a) 7 km 300 m   b) 4 km 690 m
   5 km 900 m   9 km 380 m
   3 km 800 m   2 km 410 m
   1 km 100 m   3 km 938 m
   8 km 300 m   7 km 439 m

Reisen in Deutschland

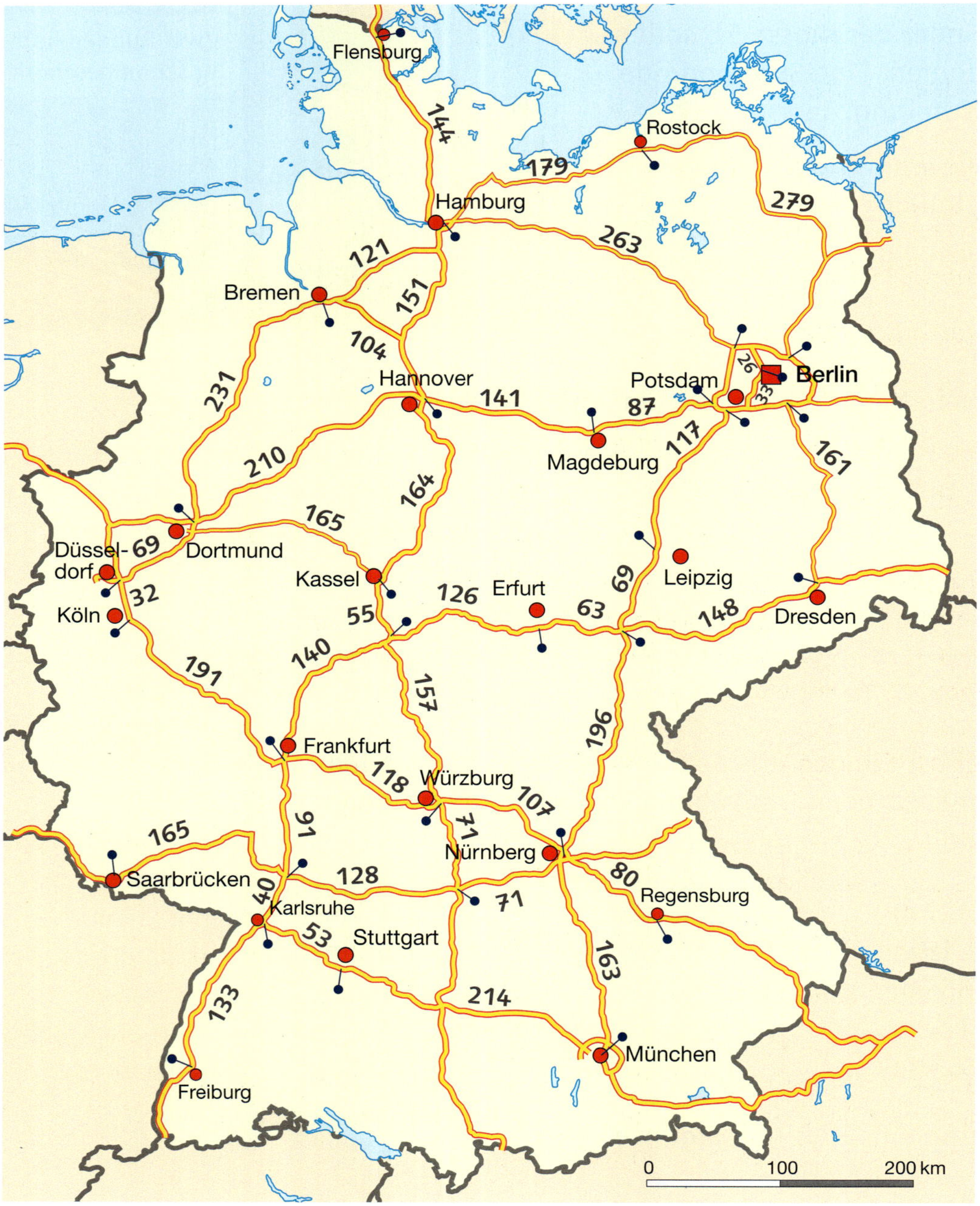

1 a) Wie lang sind diese Strecken auf der Autobahn?

Rostock – Hamburg	München – Stuttgart	Potsdam – Magdeburg
Hannover – Dortmund	Frankfurt/Main – Köln	Freiburg – Karlsruhe

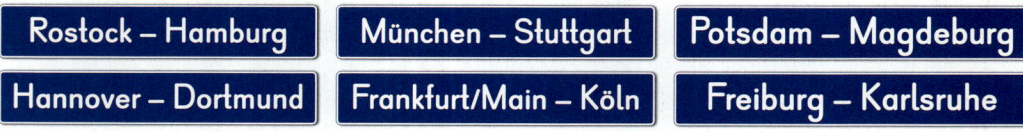

b) Finde selbst Strecken und bestimme ihre Länge.

2 a) Finde mit Hilfe von Atlas oder Internet heraus, wie weit diese Orte von deinem Wohnort entfernt sind: Stuttgart, München, Dortmund, Berlin, Hamburg, Frankfurt/Main, Magdeburg.

b) Ordne die Städte nach der Entfernung zu deinem Wohnort.

3 Wie lang sind diese Strecken auf der Autobahn?

a) München – Nürnberg – Würzburg – Kassel

b) Düsseldorf – Dortmund – Hannover – Magdeburg

c) Hamburg – Berlin – Dresden – Erfurt

d) Flensburg – Hamburg – Hannover – Kassel

e) Potsdam – Leipzig – Nürnberg – München

f) Finde selbst Strecken und rechne. | 1 | 6 | 3 | km + | 1 | 0 | 7 | km + | | | km = | | | |

> Von München nach Nürnberg 163 km, von Nürnberg nach Würzburg 107 km, …

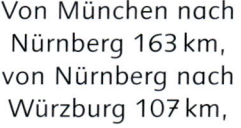

4 Welche Strecke ist länger?
Wie groß ist der Unterschied zwischen beiden Strecken?

a) Berlin – Hamburg – Bremen oder Berlin – Hannover – Bremen

b) Frankfurt/M. – Stuttgart – München oder Frankfurt/M. – Nürnberg – München

5 Herr Meier wohnt in Bremen und arbeitet in Hamburg. Er fährt von Montag bis Freitag jeden Tag mit dem Auto zur Arbeit und wieder zurück.

a) Wie viele Kilometer fährt er pro Tag?

b) Wie viele Kilometer fährt er pro Woche?

6 Frau Engel wohnt in Hannover. So oft wie möglich besucht sie ihre Enkel in Dortmund. Wie viele Kilometer fährt sie am Wochenende, wenn sie am Sonntag gleich wieder zurückfährt?

7 Ina und ihre Familie fahren dreimal im Jahr von Hannover zu ihrer Freundin nach Dresden. Fatima und ihre Familie fahren fünfmal im Jahr von Hannover zur Tante nach Köln.

a) Berechne für jede Familie die jährliche Gesamtstrecke.

b) Wie groß ist die Differenz zwischen beiden Gesamtstrecken?

Schriftliche Subtraktion im Ergänzungsverfahren

Tim möchte sich ein Fahrrad kaufen. Es kostet 325 €. Tim hat schon 193 € gespart. Sein Opa will ihm den Rest zum Geburtstag dazugeben. Wie viel Geld muss sein Opa noch dazugeben?

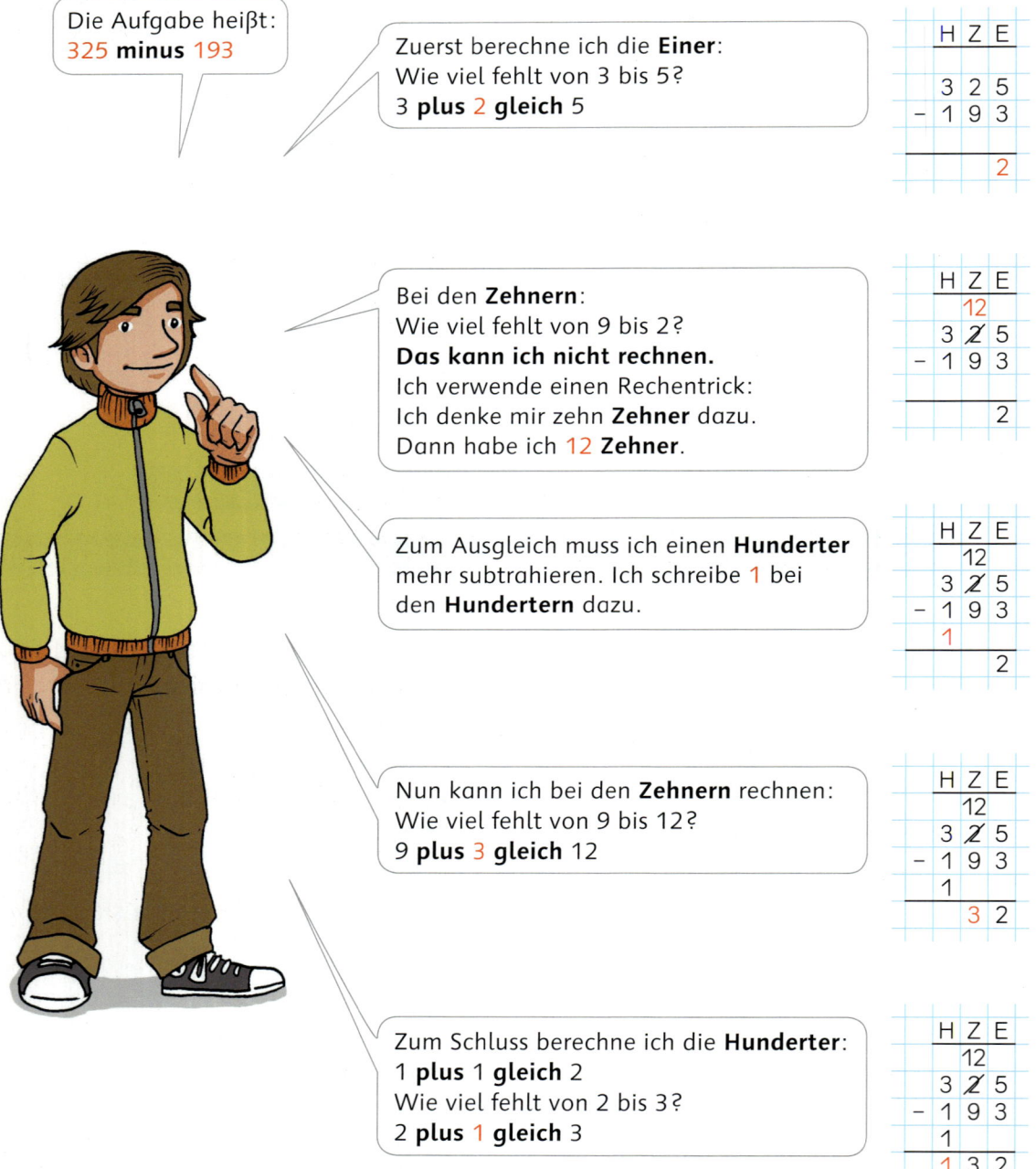

Die Aufgabe heißt: 325 **minus** 193

Zuerst berechne ich die **Einer**:
Wie viel fehlt von 3 bis 5?
3 **plus** 2 **gleich** 5

Bei den **Zehnern**:
Wie viel fehlt von 9 bis 2?
Das kann ich nicht rechnen.
Ich verwende einen Rechentrick:
Ich denke mir zehn **Zehner** dazu.
Dann habe ich 12 **Zehner**.

Zum Ausgleich muss ich einen **Hunderter** mehr subtrahieren. Ich schreibe 1 bei den **Hundertern** dazu.

Nun kann ich bei den **Zehnern** rechnen:
Wie viel fehlt von 9 bis 12?
9 **plus** 3 **gleich** 12

Zum Schluss berechne ich die **Hunderter**:
1 **plus** 1 **gleich** 2
Wie viel fehlt von 2 bis 3?
2 **plus** 1 **gleich** 3

Opa muss ihm noch 132 € dazugeben.

Wechsel der Rechenrichtung: Ergänzen von unten nach oben

Herausgegeben von
Prof. Dr. Franz B. Wember, Nottuln

Erarbeitet von
Dr. Thomas Breucker, Dortmund; Doris Keuck, Geldern; Petra Kühne, Berlin; Ines Zemkalis, Rodewald

Unter Beratung von
Bärbel Becher, Karlsbad (Baden); Dr. Stefanie Breuers, Hilden; Meike Busch, Hannover; Daniela Buss, Steyerberg; Kerstin Gärtig, Leipzig; Birgit Leuermann, Dortmund; Daniela Linde, Schönerlinde; Cornelia Michalski, Leipzig; Dr. Axel Mittelberg, Osnabrück

Redaktion: Uwe Kugenbuch, Inga Knoff
Illustration: Timo Grubing, Münster
Umschlaggestaltung: Klein & Halm, Grafikdesign, Berlin
Layout und technische Umsetzung: Katrin Tengler

Bildnachweis:
S. 6: Peter Wirtz, Dormagen; S. 8: Peter Wirtz, Dormagen; S. 27: TEXAS INSTRUMENTS/Pressebild; S. 28: 1 Doris Keuck, Geldern; 2 Henrik Pohl, Berlin; 3–4 Matthias Hamel, Berlin; S. 29: 1 Doris Keuck, Geldern; 2 Peter Wirtz, Dormagen; 3 Matthias Hamel, Berlin; 4 Cornelsen Verlagsarchiv; S. 32: © 2009, 3B Scientific, Hamburg; S. 33: 1 Soehnle GmbH; 2–3 Cornelsen Verlagsarchiv; 4 Getty Images/RF; S. 52/53: Doris Keuck, Geldern; S. 55: 1 Peter Wirtz, Dormagen; 2, 5 Doris Keuck, Geldern; 3 Wikipedia/GNU/Stephan Kühn; 4 Cornelsen Verlagsarchiv; S. 56: Doris Keuck, Geldern; S. 58: 1 Peter Wirtz, Dormagen; 2 pictures alliance/dpa/Bernd Thissen; S. 74: 1–3 Doris Keuck, Geldern; 4 Stuttgart-Marketing GmbH; S. 75/76: Peter Wirtz, Dormagen; S. 77: Doris Keuck, Geldern; S. 87/88: Peter Wirtz, Dormagen; S. 102: 1 CASIO/Pressebild; 2 Karlson GmbH; 3 Cornelsen Verlagsarchiv; 4 Fotolia/Ouidji; S. 112: Wikipedia/ GNU/Andreas Praefke; S. 113: Bildarchiv Monheim/Jochen Helle; S. 117: 1, 3–4 Cornelsen Verlagsarchiv; 2 Wikipedia/GNU/Manfred Brückels; S. 118: Cornelsen Verlagsarchiv, außer: 1 Fotolia/Simonkr; 4 Rubik GmbH & Inc.; 8 Steirische Molkerei, Graz; 9 Peter Wirtz, Dormagen; S. 119: Peter Wirtz, Dormagen; S. 132: Cornelsen Verlagsarchiv, außer: 1 Karlson GmbH; 4 Soehnle GmbH; 6 CASIO/Pressebild; S. 138/139: Petra Thoß, Berlin; S. 142: Dr. Volkhart Binder, Berlin

Soweit in diesem Lehrwerk Personen fotografisch abgebildet sind und ihnen von der Redaktion fiktive Namen, Berufe, Dialoge und Ähnliches zugeordnet oder diese Personen in bestimmte Kontexte gesetzt werden, dienen diese Zuordnungen und Darstellungen ausschließlich der Veranschaulichung und dem besseren Verständnis des Inhalts.

www.cornelsen.de

1. Auflage, 9. Druck 2022
Alle Drucke dieser Auflage sind inhaltlich unverändert
und können im Unterricht nebeneinander verwendet werden.

© 2009 Cornelsen Verlag, Berlin
© 2017 Cornelsen Verlag GmbH, Berlin

Das Werk und seine Teile sind urheberrechtlich geschützt.
Jede Nutzung in anderen als den gesetzlich zugelassenen Fällen bedarf der vorherigen schriftlichen Einwilligung des Verlages.
Hinweis zu §§ 60a, 60b UrhG: Weder das Werk noch seine Teile dürfen ohne eine solche Einwilligung an Schulen oder in Unterrichts- und Lehrmedien (§ 60b Abs. 3 UrhG) vervielfältigt, insbesondere kopiert oder eingescannt, verbreitet oder in ein Netzwerk eingestellt oder sonst öffentlich zugänglich gemacht oder wiedergegeben werden. Dies gilt auch für Intranets von Schulen.

Druck und Bindung: Livonia Print, Riga
ISBN 978-3-06-081751-1 (Schülerbuch)
ISBN 978-3-06-081756-6 (E-Book)

PEFC zertifiziert
Dieses Produkt stammt aus nachhaltig bewirtschafteten Wäldern und kontrollierten Quellen.
www.pefc.de